INMIGRACION
INMIGRACION
INMIGRACION
INMIGRACION
PREGUNTAS Y RESPUESTAS

Edición revisada y actualizada
que incluye las nuevas leyes de inmigración

Carl R. Baldwin
ABOGADO

Traducido por
Humberto S. Domínguez
ABOGADO

ALLWORTH PRESS
NEW YORK

P9-DFS-140

Dedicado a MaryEllen, Steve y Kathleen

Publicado por Allworth Press, pie de imprenta de Allworth Communications, Inc.
10 East 23rd Street, New York, New York 10010

Cubierta por Douglas Design Associates, New York, NY

Diseño de libro por Sharp Des!gns, Lansing, MI

ISBN: 1-58115-001-6

Número de serie de la Biblioteca del Congreso: 96-84659

Printed in Canada

Contenido

Prefacio

Un propósito principal de este libro es ayudarle a evitar un error costoso en el ámbito de la inmigración.

Este libro está escrito para gente común y corriente que tiene una pregunta o problema en torno a la inmigración, o para los que tienen un amigo o pariente cercano con alfina pregunta o problema. Cada procedimiento que está descrito en este libro tendrá una mejor trayectoria con la asistencia de un buen abogado de inmigración.

Sin embargo, algunos lectores desearán presentar sus peticiones y solicitudes por su propia cuenta. En dado caso, el objetivo principal del libro es describir, paso a paso, lo que se necesita hacer para obtener un resultado exitoso. Propongo ser claro y proveer suficientes detalles para ayudarle a evitar que se tropiece en el ámbito de la inmigración. Eso suele ocurrir cuando personas ponen su destino en sus propias manos.

He aquí un ejemplo de la especie de error que este libro le ayudará a evitar, basado parcialmente en un informe periodístico sobre el Servicio de Inmigración y Naturalización (he inventado ciertos detalles). Un padrastro que tenía la tarjeta verde había presentado una solicitud por parte de su hijastra, quien no estaba casada.

La solicitud fue aprobada por el Servicio de Inmigración y Naturalización (el S.I.N., o I.N.S., por sus siglas en inglés) pero, como veremos más adelante, la aprobación resultó a raíz de un error. Años después, la joven, con muchas esperanzas y la expectativa de que su visa de inmigrante se le otorgaría rutinariamente, fue entrevistada en su país. El funcionario del consulado descubrió y declaró que el S.I.N. había cometido un error en aprobar la petición años atrás: una solicitud de un padrastro o madrastra tiene validez solamente si el matrimonio que crea la relación tomó lugar antes que el niño/a cumpla los dieciocho años de edad. En este caso, la niña había cumplido los dieciocho años cuando su madre se casó con su padrastro. El procedimiento tuvo que comenzar de nuevo, por medio de una petición de la madre. Pero existía otro problema. Su hija se había casado, y la madre, que tenía la tarjeta verde, ya no la podía patrocinar. La madre ahora tenía que convertirse en ciudadana estadounidense por medio de la naturalización, algo que tendría que ocurrir años después. Este es un ejemplo de las angustias que pueden suceder con respecto a la inmigración, y es precisamente este tipo de tropezón que el libro le ayudará a evitar.

Más adelante, trataremos ciertos procedimientos que Ud. no puede asumir por su propia cuenta, y que requieren de la asistencia de un buen abogado de inmigración. El Apéndice les orientará sobre como obtener asistencia legal competente. También descubrirán que la ley de inmigración cambia frecuentemente. Su abogado, si tiene uno, le mantendrá al tanto de los cambios de la ley que son pertinentes a su situación. Trate la información en este libro como una fundación sólida, que estimamos es exacta y fiable a la fecha de imprenta. Sin embargo, antes de presentar una petición o solicitud, averigüe si hay enmiendas o cambios recientes a esta fundación.

Con el propósito de aproximar una conversación con el lector, usaré un estilo basado en preguntas y respuestas, aunque esta conversación imaginaria no resulta lo mismo que una consulta legal, porque no puedo averiguar ni dirigirme a detalles adicionales que suelen surgir.

El énfasis de este libro está, por supuesto, en el ciudadano extranjero quien tiene una pregunta o problema. También me concierne el empleador estadounidense que desea mantener su conducta dentro del margen de la ley, y por eso dedico un capítulo con el propósito de orientar a dicho empleador. También dedico otro capítulo al trabajador, sea residente o ciudadano estadounidense, quien ha sido víctima de la discriminación porque aparenta ser, o suena como un, «extranjero.»

El valioso privilegio, del que teme ser perseguido en su patria, de poder solicitar asilo político es tratado, como también las nuevas normas que han hecho obtener un permiso de trabajo aún más difícil para el solicitante. El procedimiento conocido como ajuste de estado es tratado, en conjunto con las nuevas normas que le permiten a Ud. convertirse en residente legal de los Estados Unidos sin tener que regresar a su país para ser entrevistado para la visa. Toco el tema de la corriente anti-inmigrante que existe en este país, y el impacto que tendrá la misma sobre personas extranjeras, con estado legal o de indocumentados. Finalmente, me dirijo al objetivo que espero muchos lectores tengan, el de nacionalizarse y poseer todos los derechos y responsabilidades de la ciudadanía estadounidense.

ACTUALIZADA

Estos son los cambios más importantes y desconcertantes producidos por las nuevas leyes de inmigración y de beneficios sociales (leyes de 1996).

1. *Sanciones drásticas para ciudadanos extranjeros que han permanecido más tiempo del permitido por el S.I.N. («overstays,» en inglés).*

Aquellos ciudadanos extranjeros que han permanecido más tiempo del permitido por el S.I.N. serán sancionados drásticamente por la nueva ley. Si su permanencia en los Estados Unidos sobrepasa 180 días desde la fecha en que la nueva ley entró en efecto (el 1o de abril, de 1997), es decir el 27 de septiembre, de 1997, y sale del país (como por ejemplo, para ser entrevistado en su país de origen para una visa de inmigrante), Ud. no podrá reingresar legalmente a los Estados Unidos (es decir, no será «admisible») por tres años.

Aquellos ciudadanos extranjeros que han permanecido en los Estados Unidos por un año desde la fecha en que la nueva ley entró en efecto (hasta el 1o de abril, de 1998), y salen del país, no podrán reingresar legalmente a los Estados Unidos por diez años.

Algunas excepciones a esta ley son posibles si Ud. logra persuadir al S.I.N. de que su cónyuge o padres, ciudadanos estadounidenses o residentes legales, sufrirían «daños muy graves» («extreme hardship,» en inglés) si Ud. no pudiera reingresar a los Estados Unidos lo más antes posible. Posible daño sufrido por sus hijos no es una excusa válida para lograr obtener una excepción a esta ley. No podemos ser optimistas con respecto a la disponibilidad de estas excepciones. Es muy probable que la nueva ley será aplicada muy estrictamente.

Nota: esta provisión de la nueva ley es un ejemplo de la hostilidad mostrada por el Congreso hacia los extranjeros que han violado la ley, incluyendo los inmigrantes que tienen todas las esperanzas y posibilidades de obtener un estado legal de inmigrante en un futuro próximo.

2. *La terminación de la ley especial de ajuste de estado, la ley 245(i).*

Desde 1994, la ley especial de ajuste de estado, también conocida como ley 245(i), ha ayudado a miles de inmigrantes que han entrado a los Estados Unidos ilegalmente (cruzando la frontera), o que han entrado legalmente como «no-inmigrantes» y permanecido más tiempo del permitido por el S.I.N., a ajustar su estado en los Estados Unidos. En muchos casos, el ajuste se basaba en el matrimonio a, y la solicitud presentada por, un(a) ciudadano(a) estadounidense, acompañado con el pago de una multa de $650 y que ha incrementado a $1,000 por la nueva ley de inmigración. La ley de ajuste 245(i) era muy conveniente tanto para los extranjeros ilegales como para el S.I.N., ya que creó una fuente de ingreso para esta agencia federal. El Senado de los Estados Unidos y la administración Clinton, propusieron hacer esta ley permanente, pero la Cámara de Representantes rechazó esta propuesta. Como resultado de este debate, la ley de ajuste 245(i) terminó el 30 de septiembre, de 1997, y el Congreso únicamente la extendió por tres semanas, hasta el 23 de octubre, como un gesto sin importancia alguna.

Nota: Antes de que la nueva ley de inmigración entró en efecto, la terminación de la ley 245(i) hubiera sido inconveniente pero no trágica: a fin de cuentas, un ciudadano extranjero con estado ilegal podía regresar a su país de origen para ser entrevistado para obtener una visa de inmigrante. Sin embargo, bajo la nueva ley, un viaje al país de origen por un ciudadano extranjero ilegal resultaría en un proceso de deportación de los Estados Unidos, y una separación de su familia por tres o diez años. La acción que el Congreso tomó al no extender la ley 245(i) de ajuste de estado, demuestra una falta de respeto hacia los inmigrantes y sus familiares (que son residentes legales o ciudadanos estadounidenses), y un desconcertante deseo de castigar a los ciudadanos extranjeros.

3. *Nuevas limitaciones con respecto al ajuste de estado.*

Bajo la nueva ley, aquellos ciudadanos extranjeros que no tienen estado válido de no inmigrante («nonimmigrant,» en inglés,) no podrán ajustar su estado y obtener una tarjeta verde de esta manera. En su lugar, estas personas tendrán que viajar a sus países de origen para ser entrevistados para obtener una visa de inmigrante. Aviso: Sin embargo, el regreso a sus países de origen provocaría la sanción de ser inadmisible a los Estados Unidos por tres o diez años. Existe una importante excepción a esta drástica ley: los parientes directos («immediate relatives,» en inglés) pueden permanecer en los Estados Unidos y ajustar su estado, aún si su estado de no inmigrante es caduco. Sin embargo, si estos parientes directos entraron al país ilegalmente (cruzando la frontera), ellos tampoco podrán permanecer en los Estados Unidos para ajustar su estado y tendrán que regresar a sus países de origen para solicitar sus visas. El problema inevitable a esta situación es que el regreso a sus países de origen provocará la sanción de no ser admisible a los Estados Unidos por tres o diez años. ¿Cuál es la solución a este dilema? Desafortunadamente en este momento, gracias al Congreso de los Estados Unidos, no existe ninguna solución.

4. *Nuevas limitaciones con respecto al asilo político.*

La nueva ley de inmigración requiere que una persona establezca con pruebas convincentes («prove by clear and convincing evidence,» en inglés) que presentó su solicitud para asilo político durante el primer año de su llegada a los Estados Unidos. Este será un requisito difícil de lograr para aquellas personas que han cruzado la frontera ilegalmente (sin inspección alguna) y no tienen en su mano un papel con su fecha de entrada al país estampada. Existen dos excepciones a esta ley. Ud. puede presentar su solicitud tarde si existen eventos extraordinarios en su país de origen que afecten seriamente su elegibilidad para asilo (como por ejemplo, un golpe de estado que pone en el poder a un dictador que abiertamente viola los derechos humanos). Ud. también puede presentar su solicitud tarde si existen eventos inesperados en su vida personal que justifiquen su tardanza (como por ejemplo, una enfermedad súbita). Desde luego, estas razones deben ser documentadas y confirmadas satisfactoriamente.

5. *El nuevo concepto de «remoción inmediata» («expedited removal» en inglés)*

La ley de 1996 contiene el concepto nuevo de "remoción inmediata." Si un ciudadano extranjero llega a un puerto de entrado sin una visa, o con una visa que el oficial del S.I.N. considere sospechosa (aún si el oficial está en un error), ese ciudadano extranjero podría ser arrestado, esposado, encarcelado, y finalemte devuelto a su país de origen (todavía esposado). Adicionalmente, esta persona recibirá el castigo de ser inadmisible a los Estados Unidos por cinco años.

¿Cómo se puede evitar esta situación? Si Ud. tiene un caso de asilo político, debe de convencer al oficial del S.I.N. en el puerto de entrada de que su solicitud es el resultado de un temor sincero y creíble («credible fear,» en inglés) a la persecución. Ud. deberá decirle al oficial: «Quiero solicitar el asilo político, y quiero una audiencia con un juez de inmigación.» Sin embargo, si el oficial opina que Ud. no ha demostrado un temor creíble, puede ser expulsado de inmediato. Si ese es su caso, Ud. debe de retirar su solicitud de entrada y aceptar una salida voluntaria («withdraw your application for admission and accept voluntary departure,» en inglés). De esta manera, podrá evitar el drástico castigo de ser inadmisible a los Estados Unidos por cinco años.

6. *Nuevos obstáculos económicos para los inmigrantes*

Cada año, el gobierno de los Estados Unidos publica información concerniente al nivel de la pobreza en el país. En un pasado, aquellas personas que deseaban obtener una visa de inmigrante o ajustar su estado en los Estados Unidos tenían que tener un nivel económico por encima del nivel de pobreza indicado por el gobierno. Sin embargo, ahora las cosas han cambiado. Si Ud. desea obtener una visa o ajustar su estado, tiene que establecer que sus recursos están 125 por ciento por encima del nivel de pobreza indicado por el gobierno. Para muchas personas este nivel será muy difícil de superar (el 40% de los ciudadanos estadounidenses están por debajo de este nivel.)

Para 1997, por ejemplo, los niveles indicados por el gobierno estadounidense son:

- Para una unidad familiar de una persona, $7,890 (125% de esto es: $9,862)
- Para una unidad familiar de dos personas, $10,610 (125% de esto es: $13,262)
- Para una unidad familiar de tres personas, $13,330 (125% de esto es: $16,662)
- Para una unidad familiar de cuatro personas, $16,050 (125% de esto es: $20,062)
- Para una unidad familiar de cinco personas, $18,770 (125% de esto es: $23,462)

- Para una unidad familiar de seis personas, $21,490 (125% de esto es: $26,862)
- Para una unidad familiar de siete personas, $24,210 (125% de esto es: $30,262)
- Para una unidad familiar de ocho personas, $26,930 (125% de esto es: $33,662)

Añada $2,720 por cada miembro adicional de la unidad familiar y multiplique el total por 125 por ciento.

Como si ésto no fuera suficientemente difícil de lograr, la nueva declaración de sostenimiento («affidavit of support,» en inglés), será considerada como un contrato ejecutable. Si la persona que ha firmado la declaración no cumple con los términos que éste estipula, el gobierno (si ha distribuído beneficios al inmigrante) tiene el derecho de demandar a esta persona por los beneficios que ha distribuído.

7. *Cambios efectuados por la llamada «reforma» de beneficios sociales.*

Bajo la nueva «reforma» de beneficios sociales, los inmigrantes ilegales no tienen derecho a recibirlos, es decir no «califican» para recibir beneficios sociales, con la excepción de: servicios médicos de emergencia, inmunizaciones, pruebas y tratamiento de enfermedades contagiosos.

Los residentes legales (inmigrantes con la tarjeta verde) no tendrán derecho a recibir cupones de comida («food stamps,» en inglés), después del 22 de agosto, de 1977 (el aniversario de la firma de esta ley). Se estima que un millón de personas, aproximadamente, se verán afectadas adversamente por la terminación de estos beneficios sociales.

Ancianos y personas incapacitadas que son residentes legales, podrán continuar recibiendo ayuda del subsidio S.S.I. (ingreso suplementario de seguridad), si ya recibían beneficios antes del 22 de agosto, de 1997, o si ya residían en los Estados Unidos legalmente antes de esta fecha y sufrieron alguna incapacidad pasada esta fecha.

De acuerdo a la ley federal, todas las personas, residentes legales y ciudadanos estadounidenses, perderán sus beneficios después de cinco años de recibirlos. Si Ud. recibe beneficios actualmente, deberá informarse sobre las leyes de su estado para determinar si las leyes estatales tienen excepciones que le puedan ayudar en un caso de emergencia.

8. *Posibles problemas nuevos concernientes a la naturalización.*

La nueva ley de inmigración provee que una persona que ha cometido una felonía agravante («aggravated felony,» en inglés), como por ejemplo un crimen de posesión o distribución de drogas ilegales, no tiene un «buen carácter moral,» el cual es necesario para solicitar la naturalización. Aún más serio, esta persona estará sujeta a la deportación del país («removal,» en inglés), sin importar la fecha en que ese crimen fue cometido o si la condena ya ha sido cumplida.

Aviso: Bajo la nueva ley de inmigración, aquellas personas que se encuentren en esta situación y se presenten a la entrevista para su solicitud, serán esposadas, encarceladas y deportadas, aún cuando han sido residentes legales en los Estados Unidos por décadas y tiene una familia compuesta por ciudadanos estadounidenses. Si Ud. ha cometido crímenes y tiene una ficha criminal, consulte con un abogado de inmigración para determinar si alguno de sus crímenes es una felonía agravante.

Bajo la nueva ley de inmigración, una persona en esta situación no tiene derecho de obtener una audiencia ante un juez de inmigración, o ante un juez federal. ¿Cuál es la solución si Ud. se encuentra con este problema? Esté satisfecho de permanecer en el país como residente legal. No solicite la ciudadanía por naturalización ya que para Ud. es una trampa.

Post-data: Para mantenerse al tanto de los cambios en la ley de inmigración, consulte la página de Allworth Press en el Internet, bajo «Business and Legal Self-Help Guides» (resúmen en español). La dirección es: *http://www.allworth.com*.

1

¿Beneficia a los Estados Unidos la Inmigración?

Hoy en día se oyen voces que se oponen al concepto que la inmigración, que a reunido a familias y nos ha brindado gente talentosa del resto del mundo, ha sido, y todavía es, un gran beneficio a los Estados Unidos. Existen escritores y políticos que opinan que la inmigración está «fuera de control,» que los inmigrantes quitan empleo a los obreros estadounidenses, y que esto le ha costado al contribuyente estadounidense grandes sumas en la educación pública, el cuidado de salud, y los servicios sociales. Este capítulo se dirige brevemente a los pro y contra de la inmigración.

1. *¿Qué es la inmigración?*

La palabra significa «emigrar adentro,» un movimiento hacia dentro. El término se refiere al proceso por el cual ciudadanos extranjeros, conocidos por el término técnico «foráneos,» o en inglés «aliens,» entran a los Estados Unidos, de manera legal o ilegal, usualmente con la intención de residir aquí permanentemente.

2. *En relación a lo que está sucediendo por todo el mundo, ¿cuántos refugiados y solicitantes de asilo político existen actualmente en los Estados Unidos?*

El Alto Comisionado de las Naciones Unidas para los Refugiados (A.C.N.U.R.) estima que, de la cantidad de refugiados en el mundo entero, aproximadamente el 90% están en países en vías de desarrollo, no en las llamadas democracias industriales. Estados Unidos establece lugares de vivienda para un total de 120,000 refugiados anualmente (éstos son entrevistados en las oficinas externas del S.I.N. para establecerse en los Estados Unidos), y recibe 150,000 solicitudes de asilo político cada año. Se estima que menos del 1.5% de la población de refugiados en el mundo llega anualmente a los Estados Unidos.

3. *¿Cuántos llamados inmigrantes ilegales existen, en relación a inmigrantes legales?*

Comencemos con las definiciones. Un inmigrante legal is un ciudadano extranjero que entra a los Estados Unidos con una visa, conseguida en el consulado estadounidense en su país de origen, con validez por un largo plazo de tiempo. El llamado inmigrante ilegal es un ciudadano extranjero que entra o intenta entrar en los Estados Unidos sin obtener una visa del consulado estadounidense en su país de origen, o alguien quien entró legalmente sin necesidad de obtener una visa, o con una visa válida a corto plazo, y que permaneció más tiempo de lo permitido por el S.I.N.

Según el S.I.N., los Estados Unidos acepta cada año a aproximadamente 700,000 inmigrantes legales, 120,000 refugiados, y entre 250,000 a 300,000 inmigrantes indocumentados, para una cifra total de 1.1 millón. Esto quiere decir que ocho de cada once inmigrantes entran a los Estados Unidos legalmente.

De los 22 millones de ciudadanos extranjeros en los Estados Unidos, el S.I.N. estima que 3.6 millones están en estado de indocumentados. Ochenta y cinco porciento (85%) de los inmigrantes están aquí legalmente. Se estima que los que están aquí sin documentación constituyen aproximadamente el 1.25% de la población total de los Estados Unidos. Así es que, fíjense de costa a costa, y noten que alrededor de una persona en cada cien que se ve es un extranjero indocumentado.

4. *¿Cuántos inmigrantes indocumentados han entrado en estado legal inicialmente?*

Según el S.I.N., aproximadamente la mitad de todos los indocumentados entran a los Estados Unidos por la frontera con México, y aproximadamente la otra mitad entran legalmente con visas a corto plazo, pero después prolongan su estadía más allá de lo permitido por el S.I.N. Sorprendentemente, un estudio de la experiencia en el estado de Nueva York indica que los tres grupos que más prolongan su estadía son los ecuatorianos, italianos, y polacos. El hecho que los italianos y polacos prolongan su estadía contradice el estereotipo del «calado» mexicano, y nos debe recordar que los estereotipos y prejuicios no nos ayudan a reflejar apropiadamente sobre asuntos de inmigración .

5. *Dentro del ámbito de inmigrantes legales, ¿qué porcentajes son parientes cercanos de ciudadanos estadounidenses o residentes legales?*

Parientes cercanos obtienen la mayor parte de las visas: ochenta porciento (80%) de la cifra total de 700,000 anualmente está destinado para la reunificación familiar (cónyuges, niños, y padres de ciudadanos estadounidenses; cónyuges y niños de residentes legales).

6. *¿Son los trabajadores inmigrantes los que perjudican a la economía de los Estados Unidos?*

No. Según el Departamento de Trabajo de los Estados Unidos, los inmigrantes ayudan a mantener competitivas a las industrias estadounidenses, aumentan el nivel del empleo porque altas cifras de dichas personas trabajan por su propia cuenta, y aumentan el sueldo y hacen posible que muchos grupos de trabajadores estadounidenses tengan más mobilidad.

7. *¿Son los inmigrantes los que usan más servicios que lo que contribuyen?*

No. Un estudio realizado por la organización independiente Urban Institute concluyó que los inmigrantes y refugiados contribuyen $28 billones más en impuestos que lo que usan en servicios. El estudio indica que muchos de ellos son jóvenes con ambición, empresarios y poco dispuestos a usar servicios gubernamentales.

Un estudio federal emprendido en 1992 concluyó que los indocumentados no intentaban usar servicios para los cuales no eran elegibles, inclusive la llamada Ayuda a Familias con Hijos Dependientes (A.F.D.C., por sus siglas en inglés), el programa Medicaid, y los cupones de comida. Agencias estatales en cargo de vigilar el uso de servicios por parte de los indocumentados descubrieron un solo intento de obtener los beneficios de los cupones de comida en todo el país. El estudio concluyó que el uso de estos servicios por parte de los indocumentasdos, contrario a las expectativas, no manifestaba un problema.

8. *En tal caso, ¿por qué es que ciertos estados se quejan sobre el costo de los inmigrantes?*

Las quejas y sus causas tienen raíz en la realidad. Sí cuesta dinero brindarles a inmigrantes, inclusive los que son ilegales, una educación gratis hasta el nivel de la secundaria, que es requerido por una decisión de la Corte Suprema de los Estados Unidos, conocida por el nombre *Plyler*. Una de las causas de las quejas es el hecho que la mayoría de los impuestos que contribuyen los inmigrantes se dirige al gobierno federal, no a los estados. Pero esto es un tema de las relaciones entre los estados y el gobierno federal, y no de inmigración.

La población indocumentada está concentrada en cinco estados (en orden descendiente): California, Nueva York, Florida, Tejas e Illinois. Otros treinta estados tienen un total de menos de 10,000 indocumentados. Una respuesta sensata a este desequilibrio es la del Director de National Immigration Forum, una organización que emprende investigaciones y estudios: «La solución inmediata es que el gobierno federal establezca un programa de asistencia viable para las áreas que reciben la mayor parte de recién llegados—legales y los que no lo son. El acto de distribuir de nuevo la largueza federal que actualmente se dirige a estados que no tienen grandes poblaciones de inmigrantes hacia áreas que son afectadas de manera desproporcionada por los recién llegados es un equitativo e inteligente método para enfrentarse al verdadero costo de la salud, la educación, y los servicios sociales que sostienen los gobiernos estatales y municipales.»

9. *¿Pueden los extranjeros indocumentados obtener cualquier especie de servicio social como los ciudadanos estadounidenses?*

No. Bajo la ley actual (y por supuesto esta tal vez será enmendada para poner al ciudadano extranjero en una situación aún más desventajosa), ellos son solamente elegibles a obtener: tratamiento médico en caso de emergencias, educación desde el jardín de infantes hasta la secundaria, y el programa nutritivo Mujeres, Niños y Bebés (W.I.C., por sus siglas en inglés).

10. *¿Cuál es su respuesta a la pregunta: beneficia a los Estados Unidos la inmigración?*

Sin duda que sí, porque familias estadounidenses han sido reunidas, y por lo tanto el «concepto de la familia» se ha enriquecido. Por medio de esfuerzo y talento, gente joven y veterana ha podido alcanzar el Sueño Americano, que no solamente significa ganarse el pan de cada día, sino vivir en, y contribuir a, una democracia. Los Estados Unidos ha servido de inspiración a otras naciones, y se enorgullece en saber que ha otorgado el estado de refugiado y asilado a los que escapan de la persecución a manos de regímenes represivos y tiránicos.

Ciudadanos extranjeros que cometen delitos todavía representan un problema, pero existen muchas leyes que permiten sujetarlos a procedimientos, con las garantías procesales debidas y, en muchos casos, requerir que vuelvan a su país de origen.

Al inmigrante que ama la paz y se comporta bien, sea «legal» o «ilegal,» no se le debe tratar con menosprecio o dejar que escritores, organizaciones o políticos le echen la culpa por todo el mal que pasa.

11. *He leído que a raíz de un cambio de la ley que ocurrió en el año 1965, surgió una explosión en torno a la inmigración, y que la sociedad americana ahora está amenazada por dicha explosión. ¿Es verdad?*

Probablemente ha leído esto en el libro escrito por Peter Brimelow titulado *Alien Nation*. Veamos que es lo que las enmiendas del año 1965 lograron:

Primeramente, las enmiendas establecieron el sistema conocido como la «reunificación de familias,» que forma parte importante de este libro (vean capítulos 8 y 12). Bajo este sistema, ciudadanos estadounidenses y residentes legales pueden patrocinar a parientes cercanos que viven aquí o en el extranjero, y dichos parientes podrán adquirir la residencia legal en los Estados Unidos. Políticos conservadores de gran influencia han alabado el «concepto de la familia,» y parece que el sistema de la «reunificación de familias» sirve para realizar este ideal.

En segundo lugar, las enmiendas del año 1965 eliminaron el viejo sistema bajo cual se les daba tratamiento preferente a inmigrantes de países europeos, fuente tradicional de la inmigración al principio del siglo veinte, y colocaron la oportunidad de inmigrar en un plano de igualdad para extranjeros de cualquier país del mundo. Desde el punto de vista de los valores tradicionales estado-unidenses de la imparcialidad y la igualdad, se manifestó como un buen concepto.

Esto parece que no le gusta al Señor Brimelow. Le da nostalgia de la época en la cual había una gran mayoría de estadounidenses de raza blanca y que hablaban inglés. Se desalienta en saber que el futuro tal vez logre «colorear» a los Estados Unidos, de manera que la presencia de los descendientes de gente con piel oscura provenientes de Latinoamérica, Africa, Asia, y la India se noten más en el paisaje americano.

Una respuesta a esta preocupación es: ¿y qué? Siempre y cuando los nuevos inmigrantes, y sus hijos, obedezcan nuestras leyes, sigan con su educación, sean responsables con sigo mismos y sus familias, ¿qué importa el color de su piel? Uno de mis clientes de piel oscura, un joven que proviene de Etiopía, se acaba de graduar de una universidad estadounidense con un promedio escolar casi perfecto, y se ha ganado una prestigiosa beca para emprender investigaciones médicas con el Instituto Nacional de la Salud. ¿Se puede uno imaginar en un inmigrante más deseable que este?

Usted, como lector, puede decidir si el enfoque que usa el Señor Brimelow manifiesta un método sensato para reflejar sobre nuestro curso de acción con respecto a la inmigración. En mi opinión, se basa en estereotipos entre «nosotros» (inmigrantes y sus descendientes de origen europeo) y «aquellos» (inmigrantes y sus descendientes del resto del mundo), y por lo tanto no es capaz de contribuir seriamente a la discusión sobre nuestro curso de acción en torno a la inmigración.

2

El Significado de la Tarjeta Verde

Este capítulo les explica el significado de la llamada tarjeta verde (green card, en inglés), el plazo de su validez, y lo que deben hacer para mantenerla vigente. La mayor parte del libro está dedicada a como obtenerla en el primer lugar.

---

1. *¿Qué es la tarjeta verde?*

El término *tarjeta verde* es un sobrenombre para la tarjeta plástica que manifiesta que el que la posee es un residente permanente legal de los Estados Unidos (en este libro usaremos generalmente el término abreviado *residente legal*). Años atrás, la tarjeta plástica era de color verde. Ahora es blanca, o rosada, pero el sobrenombre tarjeta verde ha permanecido.

El término formal de la tarjeta verde es Tarjeta de Recibo de la Registración como un Extranjero (Alien Registration Receipt Card, en inglés). Lleva una leyenda con el título Residente Extranjero (Resident Alien, en inglés) en la parte de arriba de la tarjeta.

En la parte posterior se encuentra información importante que identifica a la persona. La tarjeta lleva el numero I-551; la versión vieja lleva el numero I-151.

2. *¿Por cuánto tiempo sirve la tarjeta?*

Antes, duraba para siempre, o hasta que la persona la devolvía al convertirse en ciudadano estadounidense.

Comenzando desde septiembre del 1989, la tarjeta tiene una validez de diez años (la fecha en la cual se vence aparece en la parte del frente de la tarjeta). Antes de dicha fecha, deben solicitar una nueva tarjeta.

En nuestra opinión que mejor sería convertirse en ciudadano por medio de la naturalización tan pronto como Ud. sea elegible (usualmente en un plazo de tres o cinco años después de obtener la tarjeta verde). Esto le brindará beneficios y responsabilidades importantes, y le evitará tener que reemplazar la tarjeta.

3. *¿Qué hago para mantener la tarjeta vigente si no deseo convertirme en ciudadano estadounidense y mi tarjeta de diez años está por vencerse?*

Presente la planilla I-90, la Solicitud para Reemplazar la Tarjeta de Registración como Extranjero (Application to Replace Alien Registration Card, en inglés). Ahorre el tiempo y, en vez de ir a la oficina local del S.I.N. para obtener una planilla, obténgala llamando al 1-800-755-0777. Tendrá que ir personalmente a la oficina local para presentar la planilla, conjunto con un cheque o giro postal por $75 pagable a «Immigration and Naturalization Service.» También incluya dos fotografías idénticas, de su cabeza hasta los hombros, mirando hacia la izquierda, con la oreja derecha expuesta. En la parte posterior de las fotos, escriba (no firme) con un lápiz número 2 su nombre, como también su número de serie A (el número de identificación ubicado en el frente de su tarjeta verde). También obtenga dos muestras de sus huellas digitales en la planilla FD-258, y escriba, en el espacio titulado «Miscellaneous No.,» su número de serie A.

Adjunte su tarjeta de diez años, y ponga una señal en el espacio «f,» en la Parte 2, párrafo 2, que dice: «My present card is expiring. I have attached my present card.» Mantenga fotocopias de ambos lados de su tarjeta para sus récords.

No cambie su dirección antes de recibir la nueva tarjeta verde. ¿Aún no ha decidido convertirse en ciudadano estadounidense? ¡Piénselo!

4. *¿Qué beneficios puedo obtener con la tarjeta verde?*

Con el estado que la tarjeta manifiesta, Ud. puede vivir permanentemente en los Estados Unidos y trabajar en cualquier ocupación. Quizás tiene derecho a ciertos beneficios sociales, pero les aconsejo cautela: el Congreso que emprendió su mandato a partir de enero de 1995 tal vez reduzca o elimine algunos o muchos de estos beneficios.

Ud. puede viajar al extranjero y presentar su tarjeta, conjunto con su pasaporte, para regresar a este país. Sin embargo, si Ud. tiene un antecedente policiaco, su tarjeta no le garantiza poder regresar a los Estados Unidos. Además, su tarjeta no le protege a ser deportado del país si comete un delito grave.

La fecha en la cual se le otorgue la tarjeta verde establece una señal importante, y tres o cinco años después Ud. podrá solicitar la ciudadanía estadounidense por medio de la naturalización.

5. *¿De qué maneras puedo obtener la tarjeta verde?*
La mayor parte de este libro se dedica a contestar esa pregunta. Comencemos con una lista de las avenidas principales que conducen a la residencia legal y a la tarjeta verde:

- Una petición presentada por un ciudadano estadounidense o residente legal por parte de su pariente cercano (vean capítulos 8 y 12);
- Una petición presentada por su empleador, usualmente después de una solicitud al Departamento de Trabajo de los Estados Unidos (vean capítulos 15 y 16);
- Una exitosa solicitud de asilo político, seguida por una solicitud para lo que se conoce como ajuste de estado (vean capítulo 5);
- Una exitosa solicitud en la lotería de visas (vean capítulo 7)

Cubanos que han entrado a los Estados Unidos pueden ajustar su estado a residentes legales después de un año de la fecha de entrada (vean capítulo 18).

De vez en cuando surge alguna legislación especial (como la llamada ley de la «amnistía» de 1986) que conduce a la residencia legal. Fíjense que esa especie de legislación es sumamente rara.

6. *¿Cuales son los parientes cercanos que puedo patrocinar, y qué estado necesito para patrocinarlos?*
Si Ud. es residente legal (tiene la tarjeta verde), puede patrocinar a su cónyuge o hijos que no estén casados y que no han cumplido los veintiún años de edad (conocida como Preferencia 2A), y sus hijos que no estén casados pero han cumplido los veintiún años de edad (conocida como Preferencia 2B). Una persona que posee la tarjeta verde no puede patrocinar a hijos casados de cualquier edad, ni a su padre o madre.

Si Ud. es un ciudadano estadounidense, puede patrocinar a su cónyuge, hijos que no estén casados y que no han cumplido los veintiún años de edad, o su padre o madre (el ciudadano estadounidense tiene que haber cumplido los veintiún años para poder patrocinar a su padre o madre). A estos parientes se les conocen como parientes directos (immediate relatives, en inglés). El ciudadano también puede patrocinar a sus hijos que no estén casados aunque hayan cumplido los veintiún años de edad (conocida como la Primera Preferencia), a hijos casados de cualquier edad (conocida como la Tercera Preferencia), y hermanos o hermanas (conocida como la Cuarta Preferencia).

Aviso: Proyectos de ley en el Congreso en 1996 proponen eliminar la Primera,

2B, Tercera y Cuarta Preferencias. Esto resultaría en consecuencias drásticas para muchas personas.

7. *¿Los parientes conocidos como parientes directos reciben sus tarjetas verdes más pronto que las otras personas?*

Sí. Si Ud. es un ciudadano estadounidense y patrocina a un pariente directo (cónyuges, hijos que no estén casados y que no han cumplido los veintiún años, padre o madre), esa persona obtendrá la tarjeta verde más rápidamente (es decir, con menos atraso) que otros parientes.

Lo que se conoce como una visa de inmigrante está inmediatamente disponible para ellos, y dichos parientes directos no están sujetos a un «tiempo de espera en la cola,» que puede durar años, como lo están los otros parientes.

8. *A la tarjeta verde también se le conoce por el nombre tarjeta de residente extranjero. ¿Quién es un extranjero?*

La ley de inmigración aplica este término para referirse a cualquier persona extranjera que no es ciudadano estadounidense. Un ciudadano extranjero puede ser un residente legal de los Estados Unidos, pero todavía es un extranjero, y por lo tanto está sujeto a posibles procedimientos de exclusión (proceso mediante el cual se impide la «entrada» a los Estados Unidos a una persona después de arribar o regresar del extranjero), y deportación (proceso mediante el cual se requiere que uno regrese al país de origen después de estar aquí). La única forma de inmunizarse contra posibles procedimientos de exclusión o deportación es dejar de ser extranjero, y convertirse en ciudadano estadounidense por medio de la naturalización.

En este libro generalmente usaremos el término ciudadano extranjero, en vez de el término extranjero (alien, en inglés), que causa resentimiento en muchos ciudadanos de diferentes países de origen.

9. *¿Qué significa el estado de inmigrante?*

Si Ud. es un ciudadano extranjero, y ha llegado por un puerto de entrada o ha entrado a los Estados Unidos (legalmente o ilegalmente), y tiene la intención de permanecer aquí permanentemente, Ud. es un inmigrante. Inmigrar significa migrar hacia dentro, mudarse adentro, y connota una mobilización permanente.

10. *¿Es cada ciudadano extranjero en los Estados Unidos un inmigrante?*

Muchos lo son, otros no. Hay un término distinto, que no se usa diariamente ni tampoco por los medios de comunicación, para referirse a los ciudadanos extranjeros que no son inmigrantes. El término es no-inmigrante. En realidad no es tan peculiar. Solamente se refiere a cualquier ciudadano extranjero que no es un inmigrante (que no tiene la intención de quedarse en los Estados Unidos permanentemente), y que posee una visa (llamada visa de no-inmigrante) que le permite una estadía legal, aunque temporaria, en los Estados Unidos.

11. *¿Qué hago si pierdo o me roban mi tarjeta verde?*

Primeramente, debe reportar el robo a el cuartel policiaco más cercano. Para reemplazar su tarjeta, llame al S.I.N., 1-800-755-0777, y pida la planilla I-90, Solicitud Para Reemplazar la Tarjeta de Registración como un Extranjero (Application to Replace Alien Registration Card, en inglés). Siga las instruciones y presente la planilla donde se le indica, conjunto con un cheque o giro postal pagable a «Immigration and Naturalization Service.» Para más información sobre como presentar una solicitud para reemplazar su tarjeta, vea la Pregunta 3. Señale el espacio con la «a» en la Parte 2, párrafo 1, que dice: «My card was lost, stolen, or destroyed. I have attached a copy of an identity document.» Si ha reservado fotocopias de ambos lados de la tarjeta extraviada, debe incluirlas: le ayudará al S.I.N. a procesar su nueva tarjeta.

12. *¿Me pueden quitar mi tarjeta verde?*

Sí. Si se comprueba que Ud. declaró información falsa para obtenerla, si abandona su residencia en los Estados Unidos, o comete un delito grave a raíz del cual le sujetan a procedimientos de deportación. En cuya situación Ud. pudiera perder la tarjeta verde que posee y nunca obtener otra tarjeta. ¡No permita que le pase eso a Ud.!

13. *El nombre en mi tarjeta verde refleja mi apellido de casada. ¿Puedo cambiarlo en cuánto obtenga el divorcio?*

Sí. En cuanto reciba el decreto de divorcio, en el cual se refiere a su sombre de soltera, presente la planilla I-90, conjunto con los $75 a «Immigration and Naturalization Service.» Tiene que presentar su tarjeta verde. Quédese con fotocopias de ambos lados de la tarjeta, y no se cambie de dirección antes de recibir la nueva tarjeta.

Señale el espacio con la «e» en la Parte 2, párrafo 1, que dice: «My name or other Biographic information has changed since the card was issued. I have attached my present card and evidence of the new information» (mande una fotocopia del decreto de divorcio).

14. *Recibí mi tarjeta en los setentas, y no contiene el numero I-551, sino I-151. ¿Todavía tiene validez mi tarjeta?*

No. La planilla I-151 se venció el 20 de marzo, de 1996.

Ya no sirve para comprobar la elegibilidad a trabajar o para reingresar a los Estados Unidos legalmente después de un viaje por el extranjero.

15. *¿Quiere decir que mi estado de residente legal también se caducó?*

No. Ud. es todavía residente legal. Aproveche y presente su solicitud para la ciudadanía (vea el capítulo 20). Para obtener el formulario N-400, la Solicitud para la Naturalización (Application for Naturalization, en inglés) llame al 1-800-870-FORM.

Tome en cuenta que, a partir del 31 de enero, de 1996, ciertas de estas solicitudes se deben presentar, no a la oficina local, sino a la oficina regional del S.I.N. En particular:

- Si reside dentro de la jurisdicción de la oficina del S.I.N. ubicada en Miami, Florida, debe enviar la solicitud N-400 a USINS Texas Service Center, P.O. Box 152122, Irving, Texas 75015-2122;
- Si reside dentro de la jurisdicción de la oficina del S.I.N. ubicada en Chicago, Illinois, debe enviar la solicitud N-400 a USINS Nebraska Service Center, P.O. Box 87400, Lincoln, Nebraska 68508-7400;
- Si reside dentro de la jurisdicción de la oficina del S.I.N. ubicada en Los Angeles, California, debe enviar la solicitud N-400 a USINS California Service Center, P.O. Box 10400, 2400 Avila Road, Laguna Nigel, California 92607-0400;
- Si reside dentro de la jurisdicción de la oficina del S.I.N. en New York, debe enviar la solicitud N-400 a Vermont Service Center, 75 Lower Welden Street, St. Albans, Vermont 05479-0001.

16. *Tengo la tarjeta verde nueva: I-551. Alguien me dijo que perderé mi tarjeta si permanezco fuera de los Estados Unidos por más de un año. ¿Es verdad?*

La nueva ley de inmigración cambia el límite del tiempo que Ud. puede permanecer en el extranjero con la posibilidad de reingresar a los Estados Unidos utilizando su tarjeta verde. El nuevo límite es de seis meses. ¡Tome en cuenta esta nueva limitación cada vez que viaje al extranjero! Si tiene que permanecer fuera de los Estados Unidos por más de seis meses, solicite la planilla I-131, Solicitud para un Documento de Viaje (Application for Travel Document, en inglés) y espere a que esta solicitud sea aprobada. De no realizar esta gestión, podría ser sujeto a procedimientos de deportación inmediata en el aeropuerto al cual ha arribado. En el peor de los casos, le podrían mandar de regreso a su país de origen y se le prohibiría la re-admisión a los Estados Unidos por cinco años.

17. *Necesito viajar urgentemente a mi país para encargarme de unos negocios. Me demoraré por lo menos un año y medio para concluirlos. ¿Puedo obtener un permiso especial para partir y regresar, sin arriesgar que mi tarjeta verde se caduque?*

Sí. Presente la planilla I-131, la Solicitud para un Documento de Viaje (Application for Travel Document, en inglés), conjunto con $70 pagable a «Immigration and Naturalization Service.»

18. *Si obtengo el permiso de reingreso, ¿por cuánto tiempo vale?*

Tendrá validez para su reingreso a los Estados Unidos dentro de dos años después de su salida.

19. *¿Puedo presentar mi solicitud para un permiso de reingreso después de llegar en mi país?*

No. Las instrucciones en la planilla establecen claramente que debe estar en los Estados Unidos al presentar su solicitud.

20. *¿En caso de que mi solicitud sea aprobada, puedo pedir que el S.I.N. me notifique en mi país?*

Sí. Ud. puede pedir que la notificación se le mande por medio del consulado estadounidense o la oficina del S.I.N. en su país.

21. *El S.I.N. me otorgó la residencia legal más de seis meses atrás, en la entrevista para ajustar mi estado. Sin embargo, todavía no he recibido mi tarjeta plástica por el correo. ¿Qué hago?*

Existe una planilla por medio de la cual el S.I.N. emprenderá una búsqueda para localizar su tarjeta, que tal vez se han atrasado en producirla, o se le envió pero se ha extraviado. Use la planilla G-731, Investigación Sobre la Tarjeta I-551 de Registración como un Extranjero (Inquiry About Status of I-551 Alien Registration Card, en inglés), sin costo, para exigír que el S.I.N. le explique las razones por la tardanza. Si la tardanza es a raíz de la cantidad de pedidos pendientes, esta notificación debe generar resultados.

Como Obtener una Visa a Corto Plazo

Siendo ciudadano extranjero, su primer viaje a los Estados Unidos puede realizarlo mediante una visa a corto plazo (llamada visa de no-inmigrante), después de ser admitido por un agente de inmigración para una estadía breve.

Una vez aquí, otras cosas pueden ocurrir. Quizás obtendrá permiso para prolongar su estadía, o para cambiarse a otro estado temporal. Tal vez podrá cambiarse su estado legal de temporal a permanente (es decir, obtener la tarjeta verde), a raíz de un matrimonio con un residente legal o ciudadano estadounidense, o por medio de una oferta de trabajo de un empleador estadounidense. En ciertos casos, podrá retener su estado legal después de presentar una solicitud de asilo político.

En casos excepcionales, tal vez será elegible para obtener Estado Protegido Provisional (Temporary Protected Status, en inglés), que le permitirá permanecer en los Estados Unidos temporalmente en caso de una catástrofe o guerra civil que afecta a su país.

Y, por supuesto, tiene la opción de quedarse el tiempo permitido y felizmente regresar a su país.

Este capítulo tratará las diferentes visas temporales y el esfuerzo necesario, después de su llegada a los Estados Unidos, para mantener su estado o cambiarlo al que Ud. desee.

---

1. *Sufro de una grave condición médica, y los médicos en mi país no han podido darme un diagnosis fiable. ¿Qué hago si necesito viajar a los Estados Unidos para obtener diagnosis y tratamiento médico?*

Tiene dos opciones. La primera es por medio del Programa Experimental de Permiso Especial en Lugar de Visa (Visa Waiver Pilot Program, en inglés). Averigüemos qué es.

Ciudadanos de veintiseiés países no necesitan obtener una visa de estadía temporal (llamada visa de no-inmigrante) del consulado estadounidense en su país para viajar a los Estados Unidos. Si Ud. es ciudadano de uno de estos países, simplemente necesita comprar un pasage de ida y vuelta para una estadía de noventa días o menos y embarcar en el avión con su pasaporte. Los veintitseis países son: Andorra, Argentina, Australia, Austria, Bélgica, Brunei, Dinamarca, Eslovenia, Finlandia, Francia, Alemania, Islandia, Irlanda, Italia, Japón, Liechtenstein, Luxemburgo, Mónaco, los Países Bajos, Nueva Zelanda, Noruega, San Marino, España, Suecia, Suiza y el Reino Unido.

El Programa Experimental de Permiso Especial en Lugar de Visa terminó el 23 de octubre, de 1997, pero se espera que el Congreso lo renueve después de esta fecha.

La secunda opción es por medio de una solicitud, planteada en el consulado estadounidense en su país, para una visa de turista de clasificación B-2. No importa si proviene o no de un país elegible a participar en el Programa Experimental.

2. *¿Hay desventajes si participo es este programa experimental?*

Sí. Ud. se compromete a lo siguiente:
- Quedarse por un máximo de noventa días, y no podrá prolongar su estadía; no puede cambiarse a otro estado legal temporal, como por ejemplo turista de clasificación B-2 o estudiante de clasificación F-1;

- Si un agente de inmigración en el puerto de entrada determina que no se le debe admitir, no podrá contrapuntear dicha decisión ante un juez de inmigración, y le puede exigir que regrese a su país en el próximo vuelo disponible;
- No puede convertirse en residente legal, al menos que se case con un ciudadano estadounidense durante los noventa días o después.

Si ocurre eso, el ciudadano estadounidense podrá presentar una petición por parte suya, y Ud. podrá solicitar el ajuste de estado a residente legal (vea capítulo 8 para los detalles). Por el hecho de haber entrado legalmente no tendrá que pagar una multa de $650 (vea capítulo 8 para una explicación acerca de la multa).

3. *Soy ciudadano del Canadá. Canadá no participa en el Programa Experimental de Permiso Especial en Lugar de Visa. ¿Necesito una visa para viajar a los Estados Unidos desde el Canadá?*

No. El Canadá representa una situación especial. Los Estados Unidos y el Canadá mantienen una relación muy amistosa, sin la preocupación de la inmigración ilegal del un país al otro. Siendo canadiense, no necesita obtener visa a corto plazo para ingresar a los Estados Unidos, a menos que venga con el propósito de involucrarse en negocios o inversiones internacionales, en cual caso necesitará obtener una visa de clasificación E-1 o E-2 (vea las respuestas a Preguntas 81-88).

4. *Pero si soy ciudadano de México, ¿necesito una visa?*

Tiene razón. Nuestro curso de acción en cuanto a la inmigración favorece a canadienses, no a mejicanos, cuando se trata de permitir el ingreso a los Estados Unidos sin necesidad de obtener una visa. El Congreso, en cuanto a la decisión de quien entra en este país, puede legalmente favorecer a ciertos ciudadanos extranjeros sobre otros.

5. *¿No se suponía que el Tratado de Libre Comercio iba a permitir la entrada a mejicanos como también canadienses?*

Sí, pero el T.L.C. (N.A.F.T.A., por sus siglas en inglés), es pertinente a un número limitado de canadienses y mejicanos: negociantes que están capacitados como visitantes comerciales (como bajo la visa de clasificación B-1, vea Preguntas 57-61) o cierto personal profesional. El objectivo del T.L.C. es de mejorar la situación comercial y profesional en ambos lados de las fronteras, no de abrir las puertas generalmente a todo vecino del norte y del sur.

6. *¿Cómo puedo obtener una visa de turista de clasificación B-2 para una estadía breve en los Estados Unidos?*

Preséntese al consulado estadounidense en su país y llene la Solicitud de Visa de No-inmigrante (Application for Nonimmigrant Visa, en inglés), una planilla del Departamento de Estado titulada OF 156. OF significa Formulario Opcional (Optional Form, en inglés), que en realidad no es opcional—es necesaria para todo solicitante de visa, inclusive los que piden una visa de turista.

7. *¿Quién repasa la solicitud?*

Un funcionario del Departamento de Estado (consular officer, en inglés), que se encarga de otorgar visas, la repasa y después la aprueba o la rechaza.

8. *¿En qué se fija para llegar a una decisión?*

En dos factores sobre todo:
- Quiere acertar que Ud. no oculta lo que se conoce como la intención de inmigrar al mismo tiempo que declara querer emprender un viaje breve;
- Quiere acertar que Ud. es elegible a ser admitido a los Estados Unidos (por ejemplo, que no padezca de una enfermdad contagiosa de mayor consecuencia o que tenga un récord de delincuente, situaciones que pudieran conducir a que se le rechace la entrada a los Estados Unidos).

9. *¿Cómo compruebo que no oculto una intención de quedarme a vivir allá?*

Para determinar si Ud. oculta dicha intención, se le preguntará sobre cierta conducta o acción que tiende a demostrar que Ud. piensa vivir en los Estados Unidos por un largo plazo de tiempo:
- ¿Le ha patrocinado un pariente cercano para que Ud. obtenga una visa de inmigrante?
- ¿Una empresa estadounidense ha presentado una solicitud de certificación de trabajo por parte suya (el primer paso hacia una visa de inmigrante)?
- ¿Ha manifestado a un funcionario del consulado su deseo de residir permanentemente en los Estados Unidos?

Si responde «Sí» a cualquiera de estas preguntas, el funcionario del consulado tendrá amplia razón para concluir que Ud. piensa inmigrar (posee la intención de quedarse permanentemente), y le rechazará su solicitud para una visa a corto plazo.

He aquí la norma general: si posee lo que se conoce como la intención doble (dual intent, en inglés), es decir el deseo de obtener una visa a corto plazo por ahora, con el último objetivo de obtener la residencia permanente en los Estados Unidos, le rechazarán la visa a corto plazo (visa de no-inmigrante).

He aquí la excepción: si solicita una visa de clasificación H-1B, como empleado en lo que se conoce como una ocupación especializada (vea abajo, Preguntas 62-78), tal vez podrá obtener la visa no obstante el hecho de que un pariente o empleador le haya patrocinado para la residencia permanente. En dado caso, la intención doble es permitida: su meta, de obtener la tarjeta verde, no contradice a su intención inmediata de obtener una visa para trabajar temporariamente y entrar en los Estados Unidos con ese estado.

10. *¿Necesito mostrarle al funcionario del consulado ciertos documentos para comprobar que no tengo la intención de permanecer en los Estados Unidos?*

Hay que comprobar ciertas cosas, y los documentos le ayudarán. Necesita demostrar que tiene una residencia en el extranjero, la cual no piensa abandonar. Los documentos que sirven para comprobar esto incluyen un contrato de arrendamiento, las escrituras de su casa, una carta de su empleador en la cual consta que le esperan de vuelta para cierta fecha, o papeles que reflejan que Ud. es estudiante y que sus cursos resumirán en cierta fecha.

También necesita demostrar que tiene suficiente respaldo económico para sus necesidades durante la estadía breve en los Estados Unidos. Si piensa quedarse en casa de un pariente, pídale que firme una carta en frente de un notario, o la planilla I-134, la Declaración de Sostenimiento (Affidavit of Support, en inglés), en la cual hace constar que podrá proveerle a Ud. todas sus necesidades durante su estadía.

11. *Si quiero viajar para obtener tratamiento médico, ¿necesito una carta de mi doctor?*

Debe obtener una carta de su doctor detallando porqué los recursos en su país no son adecuados, y la clinica médica estadounidense que se recomienda para que Ud. obtenga un diagnosis y tratamiento.

12. *Si obtengo una visa de visitante de clasificación B-2, ¿qué me permite hacer en los Estados Unidos?*

Se le permite visitar, recorrer, recrear, pasear, gustar de las artes, el teatro, la música, y las películas. Puede acudir a cierto foro o simposio. Puede hasta participar en ellos, siempre y cuando no reciba pago por su participación. Por supuesto, si es que viene con dicha intención, puede recibir diagnosis y tratamiento médico.

13. *¿Qué no me permiten hacer si llego con visa de visitante de clasificación B-2?*

No puede trabajar, ni ingresar en un curso de estudios a tiempo completo en cualquier institución educativa.

14. *¿Cómo se distingue la visa a corto plazo?*

No se le coloca en una página distinta, como la visa de inmigrante que se coloca en una página de 8Ω por 11 pulgadas. En vez, se manifiesta en un sello colocado en una página dentro del pasaporte expedido por su país.

15. *¿Esta visa me garantiza poder entrar en los Estados Unidos?*

No. Lo único que le asegura es poder embarcar en un avión y proceder hasta un aeropuerto en los Estados Unidos, que es conocido como el puerto de entrada.

16. *¿Y si mi visa tiene validez indefinidamente, sin límites al número de entradas? ¿No significa que puedo entrar y salir cuando quiera?*

No significa eso. Es más, un gran número de personas se han sorprendido cuando, no obstante el hecho de poseer esta visa, les han rechazado la entrada a los Estados Unidos.

La visa que tiene, como cualquier otra visa a corto plazo, le otorga viajar hasta el puerto de entrada y pasar por una inspección llevada a cabo por un agente de inmigración. Una visa con validez indefinida y sin límites de entradas no le otorga un derecho a ser admitido a los Estados Unidos.

17. *¿Qué ocurre en el puerto de entrada?*

Si le admite, el agente de inmigración le pondrá un sello en su pasaporte que refleja la fecha de su admisión y el lugar de entrada. El agente también pondrá esos detalles en la planilla I-94, titulada «Arrival and Departure Record,» que Ud. llenó en el avión, y su clasificación B-2, y el plazo de tiempo que le han otorgado permanecer. La planilla se le grapa a una página de su pasaporte.

18. *Si me admite el agente de inmigración, ¿por cuánto tiempo puedo permanecer aquí?*

Le admitirá por seis meses. Si es que existe una razón amplia para prolongar su estadía, tal vez le otorgarán seis meses más, para un plazo total de un año.

19. *¿Qué pasa si pierdo la planilla I-94?*

Necesitará reemplazarla para comprobar el tiempo que se le ha otorgado permanecer aquí, para prolongar su estadía o cambiar su estado, o para demostrar que tiene derecho a ajustar su estado a residente legal sin tener que pagar la «multa» de $650 que se les impone a personas que no han entrado con una visa válida de no-inmigrante.

Para reemplazar la planilla, presente el formulario I-102, la Solicitud para Reemplazar el Récord de Llegada/Partida como un No-inmigrante (Application for Replacement of Initial Nonimmigrant Arrival/Departure Record, en inglés), conjunto con $65 pagable a «Immigration and Naturalization Service.» Se supone que el S.I.N. mantiene un archivo de cada ciudadano extranjero que se le otorga una estadía breve, y, por lo tanto, podrá reemplazar la planilla I-94 con toda la información sobre la clasificación de visa y el plazo autorizado.

He aquí un consejo sensato: en cuanto sea posible, haga una fotocopia de la planilla. La fotocopia ayudará a que le reemplacen la planilla, y tal vez hasta servirá para comprobar que pasó por una inspección y fue admitido.

20. *¿Qué pasa si empiezo a trabajar?*

Ud. posee el estado de turista de clasificación B-2, bajo cual se le prohíbe trabajar. Si trabaja, viola su estado. Si se entera el S.I.N., le pueden sujetar a procedimientos de deportación y exigir que regrese a su país. Si resulta sujeto a un decreto de deportación, no podrá ser admitido a los Estados Unidos por cinco años.

21. *Si se entera el S.I.N., ¿me puede perjudicar esto en el futuro?*

Sí. El S.I.N. y el Departamento de Estado pueden compartir información sobre ciudadanos extranjeros. Si regresa a su país y intenta obtener otra visa a corto plazo, el hecho de haber violado su estado la primera vez (si está al tanto el funcionario del consulado) puede impedir que le otorguen otra visa.

22. *¿Resulta peor si empiezo a trabajar inmediatamente?*

Sí. Si empieza a trabajar dentro de los primeros treinta días después de llegar con una visa B-2, su situación es más grave. El Departamento de Estado y el S.I.N. concluirán que mintió cuando solicitó la visa B-2 y aseguró que no pensaba trabajar. ¡Esa mentira le puede costar caro!

Mentir a un funcionario del consulado es tergiversación (misrepresentation, en inglés), que puede resultar en que le rechacen cualquier especie de visa, o ser admitido a los Estados Unidos (si están al tanto el S.I.N. y el Departamento de Estado). Consejo: Piense bien en las consecuencias antes de empezar a trabajar inmediatamente después de llegar con una visa B-2.

23. *¿Qué pasa si descubro que mi tratamiento médico durará un plazo más largo de lo que me han permitido?*

Debe solicitar que le prolonguen su estadía, y es probable que le aprueben su pedido si existe una válida razón médica. Use la planilla I-539, Solicitud para Prolongar/Cambiar el Estado de No-inmigrante (Application to Extend/Change Nonimmigrant Status, en inglés), conjunto con $75 pagable a «Immigration and Naturalization Service.»

24. *¿Y qué si espero hasta lo último para solicitar que me prolonguen mi estadía?*

Le pudiera costar caro. Las instrucciones en la planilla le advierten que debe pedir una prolongación tan pronto como sea necesario, y no menos de cuarenta y cinco días antes de que se caduque su estadía de seis meses.

25. *No supe que necesitaría tratamiento médico adicional hasta la última semana antes que mi permiso se venció. Por la preocupación, no pensé solicitar una prolongación. ¿Puedo rectificar esto?*

Quizás. Las instrucciones de la planilla I-539 indican que pueden disculpar la tardanza si:

- El atraso ocurrió a raíz de circunstancias no bajo su voluntad, y la tardanza es por un tiempo razonable;
- No ha violado su estado en otro aspecto (por ejemplo, trabajando, o estudiando a tiempo completo);
- Se comporta como un no-inmigrante de buena fe (es decir, no ha tomado pasos que conducen a la residencia permanente);
- No está sujeto a procedimientos de deportación (el S.I.N. no intenta expulsarlo del país).

Debe obtener una carta de su doctor en la cual declara que recientemente se le informó que Ud. necesita tratamiento adicional. Esto demostrará que circunstancias no bajo su voluntad contribuyeron a que pida la prolongación tarde y que el atraso, por lo tanto, fue por un plazo razonable.

26. *¿Qué documentos necesito para solicitar una prolongación?*

Debe presentar la planilla original 1-94 (mantenga una fotocopia para sus récords). En la parte posterior de la planilla, debajo de la leyenda que dice Record de Cambios (Record of Changes, en inglés), el S.I.N. señalará la fecha en la cual le aprueban la prolongación, y el plazo de la misma.

27. *¿A dónde presento mi solicitud para una prolongación?*

Consulte las instrucciones en la planilla 1-539. Si tiene la visa B-2, mande los papeles a la oficina local del S.I.N.

28. *¿Cómo averiguo si mi solicitud ha sido aprobada?*

Si le aprueban, le mandarán una noticia de aprobación, y su planilla 1-94, haciendo constar, en el lado posterior, la fecha de aprobación y el plazo de la prolongación.

29. *¿Qué hago si no recibo una aprobación?*

Nada, o mejor dicho, nada con relación a la denegación, porque no tiene derecho a apelar la denegación. Quizás tendrá otras opciones, especialmente si llega a conocer y casarse legítamente con una ciudadana estadounidense o residente legal. Vea el capítulo 8 para más detalles.

30. *Después de llegar con el estado B-2, llegué a conocer que una universidad cercana ofrece un curso de estudios en el cual me encantaría ingresar. ¿Puedo cambiar mi estado de B-2 a estudiante a tiempo completo?*

Existen ciertas personas con estado temporal (no-inmigrante) que no pueden cambiarse a otro estado temporal. Esas personas han entrado:

- Por medio del Programa Experimental de Permiso Especial en Lugar de Visa (vea arriba, Preguntas 1-2);
- Con una visa de tránsito (visa C);
- Como pasajeros sin visa;
- Como tripulantes en un barco o avión (visa D);
- Como estudiantes o eruditos en un programa de intercambio (vea abajo, Preguntas 37-43, para más detalles sobre la visa J-1 y su severa limitación con relación a cambios de estado).

No existe una prohibición a que una persona cambie su visa de B-2 a estudiante a tiempo completo (el estado F-1). Pero el S.I.N. querrá saber porqué no obtuvo la visa F-1 inicialmente, si pensaba estudiar en los Estados Unidos a tiempo completo. Necesitará explicar, por medio de una declaración que acompañe a una solicitud para cambiarse de estado (planilla 1-539), que pensaba visitar y después volver a su país, pero que acontecimientos inesperados le han hecho contemplar cambiarse de estado al de estudiante a tiempo completo.

Por ejemplo, una amistad tal vez le informó sobre una universidad, y esto sembró el interés en Ud. en seguir los estudios aquí. Recuerde que debe evitar cualquier sospecha que Ud. mintió a un funcionario del consulado cuando obtuvo la visa B-2, o un agente de inmigración cuando entró a los Estados Unidos, y que ocultó sus planes de cambiarse de estado.

También debe demostrarle al S.I.N. que, hasta ahora, mantiene el estado B-2: que no ha ingresado en un curso de estudios a tiempo completo, ni ha trabajado. Si ha violado su estado B-2, no le permitirán cambiarse a otro estado de no-inmigrante.

31. *¿Qué documentos necesito para presentar mi solicitud para cambiarme al estado de estudiante?*

Los mismos que necesita presentar en el consulado estadounidense en su país cuando plantea su solicitud para la visa F-1. Estos son:

La planilla 1-20 A-B (fotocopia de la institución educativa)/1-20 I.D. (fotocopia del estudiante), el Certificado de Elegibilidad para el Estado de Estudiante No-inmigrante. Esta planilla le expedirá la institución que le ha aceptado a Ud. como estudiante a tiempo completo.

Su pasaporte debe tener validez de por lo menos seis meses después de la fecha prevista para terminar sus estudios.

Debe también mandar su planilla 1-94, y la planilla 1-539 (Solicitud para Prolongar/Cambiar el Estado No-inmigrante) conjunto con $75 pagable a «Immigration and Naturalization Service.»

Necesita demostrar que tiene suficientes recursos económicos para vivir como un estudiante a tiempo completo por siquiera dos semestres.

32. *¿Dónde presento los papeles para efectuar el cambio de B-2 a F-1?*

Las instrucciones en la planilla 1-539 le explicarán. Con relación al cambio de B-2 a F-1, tiene que presentar los papeles en la oficina local del S.I.N.

33. *¿Cómo averiguo si mi solicitud ha sido aprobada?*

Recibirá una noticia de aprobación, y le devolverán su planilla 1-94, indicando el cambio a F-1 y el plazo de validez, «durante su estado» («duration of status,» en inglés), es decir, siempre y cuando su estado de estudiante a tiempo completo continúe.

34. *¿Si me permiten cambiar al estado F-1, puedo trabajar?*

Sí, pero con límites. Tan pronto como se matricule como estudiante a tiempo completo (que significa por lo menos doce horas de estudios por semestre, normalmente cuatro clases de tres puntos cada una), puede trabajar dentro de la institución, típicamente en el restaurante estudiantil o la librería, por un total de veinte horas semanales cuando los semestres estén en progreso. Durante las vacaciones o los días festivos, puede trabajar dentro de la institución a tiempo completo.

Si no sigue este curso de acción, estará violando su estado, y, si se entera el S.I.N., podrá resultar sujeto a procedimientos de deportación.

35. *¿Tengo que estudiar a tiempo completo para mantener mi estado?*

Sí. Existe una excepción a esta norma, en caso de una grave situación médica que le impide estudiar a tiempo completo durante un semestre. En tal caso, no perderá su estado durante ese semestre.

36. *¿No me permiten trabajar fuera de la institución educativa?*

El programa que permitía a estudiantes trabajar fuera de su institución educativa terminó el 30 de septiembre, de 1996. Los estudiantes con estado F-1 están ahora limitados a trabajar dentro de su institución educativa.

37. *Entré a los Estados Unidos con una visa J-1, de alumno en un programa de intercambio, y el gobierno de mi país paga el costo de mis estudios. Me casé recientemente con una ciudadana estadounidense, y pienso ajustar mi estado para convertirme en residente legal. ¿Existe un problema?*

Sí, esta situación puede resultar muy compleja. Necesitará la asistencia de un buen abogado de inmigración. Su abogado tendrá que averiguar si su estado J-1 está sujeto a lo que se conoce como el requisito de residencia de dos años en el exterior. Si no está sujeto a este requisito, puede proceder a ajustar su estado (vea capítulo 8 para más detalles).

Pero si su país (o el gobierno de los Estados Unidos) ha pagado sus estudios, habrá complicaciones para Ud. A pesar de estar casado con una ciudadana estadounidense, que normalmente representa la manera más ligera de obtener la residencia legal, no podrá ajustar su estado hasta que regrese a su país y permanezca allá dos años, o obtenga un permiso especial en lugar de ese requisito.

38. *¿Cumplo con este requisito si regreso a mi país pero vuelvo de vez en cuando para visitar a mi esposa y a mis profesores?*

No. La ley indica que no puede cambiarse de estado a residente legal antes de regresar a su país y, por un total de dos años, residir y asumir la presencia física. Tendrá que permanecer allá por un total de dos años, con la excepción de breves viajes que no interrumpen su residencia allá. Mejor puesto, no puede residir allá y al mismo tiempo realizar viajes de larga duración para visitar a su esposa y profesores. Debe permanecer en su país por un total de dos años.

39. *¿Existe un tecnicismo legal mediante el cual puedo evitar tener que cumplir con esta ley?*

Sí. Se conoce como un permiso especial, pero no es fácil de obtener. Tiene que regresar a su país, a menos que pueda comprobar que su cónyuge estadounidense o residente legal (e hijos, si existen) sufrirá privaciones excepcionales si tuviera que regresar con Ud., o si es que la dejará en los Estados Unidos, o que a Ud. lo persiguieran en su país por razones de raza, religión, u opinión política.

40. *¿Qué planilla tengo que presentar y cuánto tengo que pagar?*

La planilla 1-612, la Solicitud para un Permiso Especial en Lugar del Requisito de Residencia en el Exterior (Application for Waiver of the Foreign Residence Requirement, en inglés), conjunto con $95 pagable al S.I.N.

41. *¿Cómo comprueba mi abogado que seré perseguido en mi país?*

Es tan difícil que prácticamente tiene que demostrar que su nombre aparece en una lista de prófugos que ha sido publicada por el dictador se su país. La ley impone el requisito de comprobar que «será perseguido,» no solamente que es posible sino probable que le buscarán tan pronto como averigüen que Ud. ha regresado.

Esta norma es mucho más severa que la que se aplica a un solicitante de asilo que, como veremos en el capítulo 5, necesita demostrar un miedo fundado de que le persigan en su país: no la probabilidad, sino solamente la posibilidad razonable de ser perseguido.

Visto que es una norma severa, los abogados de inmigración generalmente concluyen que no se puede obtener el permiso especial por este lado.

42. *¿Y entonces, cómo comprueba mi abogado que mi cónyuge sufrirá privaciones excepcionales si es que tengo que cumplir con el requisito de residir en el extranjero por dos años?*

Tiene que demostrar privaciones excepcionales a su cónyuge en las siguientes situaciones:

- Si ella regresa con Ud. a su país por dos años; o
- Si Ud. regresa solo, dejándola en los Estados Unidos.

Tome en cuenta que el término «privaciones excepcionales» implica mucho más de lo usualmente esperado cuando una persona deja a su cónyuge aquí o ambos regresan a su país. Una simple rebaja en el nivel de vida no es suficiente.

¿Existe algún factor o variable que le afectará a Ud. o su cónyuge de manera insoportable si tuviera(n) que regresar? ¿Existen condiciones médicas, inclusive factores psicológicos o emocionales, que hacen que dicha separación en si sea una privación excepcional? Debe consultar con doctores o psicólogos para poder asesorar bien el nivel de privación en cuestión.

Si tiene hijos nacidos en los Estados Unidos, debe subrayar el perjuicio que ellos tuvieran que sufrir por su ausencia, o por ser trasladados a su país si es que ellos viajarán con Ud.

La separación de los padres a edad tierna, o el ser llevado a un país o cultura ajena puede resultar traumático y constituir en si privación excepcional.

La privación excepcional a su cónyuge o hijos, en vez de su probable persecución, es la major avenida para intentar obtener el permiso especial.

43. *¿Puede mi cónyuge pedir a su Congresista que patrocine legislación particular para un permiso especial en lugar del requisito de residencia externa por dos años?*

No. La visa J-1 fue adoptada por el Congreso como un mecanismo de las relaciones exteriores. El objetivo es de beneficiar a estudiantes en los Estados Unidos, pagando sus estudios a cambio de que prometan volver a sus países para ser útiles allá. La única vez que el Congreso adoptó legislación particular con relación al requisito de la residencia externa ocurrió en 1955, y en ese entonces el Presidente impuso su veto por razones vinculadas a las relaciones exteriores. Actualmente, las reglas de la Cámara de Representantes y del Senado no permiten que se considere legislación particular con relación al requisito de la residencia externa.

44. *Tengo más preguntas sobre la visa J-1. Si llego con el estado J-1 y mi cónyuge tiene el estado J-2, ¿podemos trabajar?*

La respuesta es «No,» pero con una aclaración. Con la visa J-1 Ud. no puede trabajar. Se supone que, y esperemos sea así, su país le está apoyando para que Ud. viva cómodamente en los Estados Unidos.

A su cónyuge se le permite trabajar, pero se le exige que el ingreso se aplique a actividades culturales (por ejemplo, para atender a obras de teatro o conciertos), no para sustentar a la familia.

45. *¿Cómo obtiene mi cónyuge permiso para trabajar?*

Tendrá que escribir (c)(5) (spouse or child of exchange visitor, es decir cónyuge o hijo de visitante de intercambio) en el espacio 16 de la planilla I-765, la Solicitud para el Permiso de Trabajo (Application for Employment Authorization, en inglés), y mandar una fotocopia de la planilla IAP-66, el Certificado de Elegibilidad J-1, conjunto con $70 pagable a «Immigration and Naturalization Service.»

Las nuevas normas del S.I.N. requieren que se envíe la solicitud, conjunto con las fotografías y huellas digitales, al Centro del Servicio que consta en las instrucciones de la planilla. El Documento de Permiso de Trabajo (E.A.D., por sus siglas en inglés) estará disponible en la oficina local del S.I.N. o se le enviará a su cónyuge por correo, y tendrá validez por cuatro años.

46. *Una familia estadounidense le ha invitado a mi amiga a pasar unos meses con ellos, cuidando sus niños y encargándose de ciertos quehaceres domésticos. ¿Existe una visa para ella?*

Sí. Aunque no sea un alumno erudito o estudiante en un programa de intercambio, la visa J-1 es propicia para ella. He aquí el objetivo del programa «au pair,» según la Agencia de Información de los Estados Unidos (U.S.I.A., por sus siglas en inglés): «El programa au pair es un programa de intercambio mediante el cual jóvenes de dieciocho a veinticinco añnos de edad y de medios humildes pueden visitar a los Estados Unidos, conocer la cultura americana, mejorar su inglés y, al mismo tiempo, ayudarle a familias americanas con el cuido de los niños. La meta es de establecer un intercambio entre culturas mediante la interacción de los au pairs y los miembros de la familia.»

47. *¿Cómo hace mi amiga para obtener esta visa?*
La familia estadounidense debe llamar a ciertas agencias que se han encargado de supervisar este programa. Son las siguientes: Experiment in International Living, con teléfono (202) 371-9410; American Institute for Foreign Study, con teléfono (203) 869-9090; EF Au Pair, con teléfono (617) 225-3838. Estas agencias le explicarán que debe hacer su amiga para obtener la visa.

48. *¿Qué tiene que hacer la familia estadounidense, y qué tiene que hacer mi amiga?*
La familia tiene que ofrecerle un hogar donde vivir y tratarla como una pariente, no una sirvienta. La familia le pagará a su amiga más o menos $125 semanalmente, y pensión completa.

49. *¿Tendrá que asistir a clases?*
Sí. Debe asistir a ciertos cursos y acudir a eventos culturales (esto debe resultar entretenido) por lo menos dos noches a la semana.

50. *¿Le pueden exigír que trabaje continuamente?*
No. Su amiga se compromete a cuidar niños y a ciertos quehaceres domésticos por 5.5 días a la semana en jornadas de nueve horas diarias. No le deben asignar trabajo excesivamente pesado.

51. *¿Necesita depositar una suma de dinero?*
Sí. Tendrá que depositar $500, que se le devolverá cuando regrese a su país.

52. *¿Qué beneficio recibe la organización que establece el contacto entre la familia estadounidense y mi amiga?*
Además de la satisfacción de mejorar las relaciones exteriores, recibe $50 semanales por observar que la familia y su amiga se comporten bajo las normas establecidas.

53. *¿Por cuánto tiempo puede mi amiga permanecer en el programa?*
El programa puede durar hasta un año, pero en lo práctico toma lugar durante el verano.

54. *¿Continuará el programa au pair indefinidamente?*

La visa J-1 para los trabajadores «au pair» terminó el 20 de septiembre, de 1997, pero quizás el programa sea reanudado bajo regulaciones nuevas establecidas por la U.S.I.A. Para evitar problemas a las familias estadounidenses que reciben trabajadores «au pair» y no les pagan un salario adecuado, y a los trabajadores que no tienen un entrenamiento necesario en el cuidado de niños, estas regulaciones requerirán que los trabajadores asistan a clases para recibir crédito y que tengan doscientas horas de experiencia en el cuidado de niños para poder ser elegibles para participar en el programa. El empleador debe pagar salario mínimo al «au pair,» y no le puede exigir que trabaje más de diez horas al día o cuarenta y cinco horas a la semana cuidando a niños.

55. *Soy ciudadano de la República Popular de la China, y llegué con estado J-1. Alguien me dijo que el requisito de residencia externa no es pertinente con respecto a estudiantes de la China. ¿Es verdad?*

Así fue, pero ya no lo és.

Bajo la Acta para Proteger a Estudiantes Chinos (Chinese Student Protection Act, en inglés) adoptada el 9 de octubre, de 1992, estudiantes que habían estado aquí entre el 5 de Junio de 1989 (fecha de la masacre en la Plaza Tiananmen) y el 11 de abril, de 1990 se les permitió solicitar el ajuste de estado a residente permanente y se les otorgó un permiso especial en lugar del requisito de residencia externa.

Sin embargo, el plazo para solicitar el ajuste de estado se terminó el 20 de junio, de 1994. Si no presentó su solicitud para ajustar su estado antes de dicha fecha, ya no es elegible para el permiso especial.

56. *¿Quiere decir que tengo que regresar a la China?*

Todavía puede solicitar el permiso especial, pero no recibirá una aprobación automática, como bajo la Acta.

57. *Soy un empresario. ¿Qué visa es más propicia para mi?*

Existe una titulada visa de visitante B-1 con propósito de negocios. El objetivo de esta visa es fomentar el comercio internacional. Por dicha razón, esta visa no le permite venir acá a buscar empleo. No puede recibir pago de una fuente estadounidense si trabaja aquí. En vez, debe recibir pago por trabajo que emprende aquí directamente de su empleador en su país.

58. *¿Siendo empresario visitante, puedo participar en el Programa Experimental de Permiso Especial en Lugar de Visa, como los Turistas?*

Sí, siempre y cuando sea ciudadano de un país elegible (vea Pregunta 1).

59. *¿Me da un ejemplo de lo que le permiten hacer aquí a un empresario visitante?*

Un buen ejemplo lo manifiesta un propietario de una casa de modas que viene a medir a sus clients estadounidenses antes de fabricar la ropa en el extranjero. El pago se le dirige a la empresa extranjera, y la ropa se le manda al consumidor estadounidense. Es lo mismo con respecto a cualquier otro producto fabricado en el extranjero, y comprado por el consumidor estadounidense.

60. *Soy escultor. ¿Puedo obtener una visa b-1 para presentar mi trabajo a estadounidenses, con la esperanza de obtener comisiones para obras?*

Probablemente no, porque según el S.I.N. su objetivo es de generar negocios para Ud., no algo que tendrá mayor consecuencia en el comercio internacional.

61. *Viajo varias veces a los Estados Unidos para concluir negocios por parte de la empresa en mi país. ¿No hay algo que puede reducir los inconvenientes en el puerto de entrada?*

Sí. El S.I.N. ha adoptado un proyecto para empresarios titulado INSPASS. Actualmente, está funcionando en los aeropuertos de Nueva York y Newark, New Jersey. Después de declarar ciertos datos, el S.I.N. los coloca en una tarjeta de tamaño de billetera, y con esta tarjeta Ud. puede entrar siquiera tres veces al año sin que un agente de inmigración le sujete a una inspección. Mostrando la tarjeta, podrá entrar a los Estados Unidos ligeramente. Si piensa entrar por Toronto, Canadá, puede pedir la tarjeta INSPASS allá también.

62. *Me falta poco para graduarme de la universidad con un grado en informática. El municipio me ha ofrecido un trabajo de programador. ¿Qué debo hacer para poder aceptar este trabajo?*

Necesita cambiarse del estado f-1 (estudiante a tiempo completo) al estado titulado h-1b.

63. *¿Puedo lograr este cambio por mi propia cuenta?*

No. A diferencia del cambio de b-2 (turista) a f-1 (estudiante a tiempo completo), que lo puede pedir por su propia cuenta, el cambio al estado h-1b lo tiene que solicitar su futuro empleador. Para lograr dicho cambio, ese empleador tendrá que contratar a un buen abogado de inmigración. Mientras busca un abogado, repasaremos el significado del estado h-1b y como podrá calificar para obtener dicha visa.

64. *¿Qué es el estado h-1b?*

Desde que se adoptó la Ley de Inmigración de 1990, el estado h-1b se refiere a un miembro de una ocupación especializada. Para obtener la visa h-1b, necesita demostrar que está capacitado para ejercer dicha ocupación, y que su empleador le necesita para asumir ese puesto.

65. *¿Cómo demuestro ser miembro de una ocupación especializada?*

Debe comprobar que, para ejercer en su ocupación, se necesita aplicar, en un sentido teórico y práctico, una avanzada serie de conocimientos especializados, y que ha obtenido, por lo menos, una licenciatura en esa especialidad (Bachelor of Arts, B.A., en inglés). Su grado de universidad servirá para comprobar que es elegible.

66. *¿Qué especialidades son elegibles para el estado H-1B?*

La ley de inmigración no nos da una lista completa, pero sí nos da ciertos ejemplos. He aquí los ejemplos (y son sólo eso): la arquitectura, la ingeniería, la matemática, la ciencia física, la ciencia social, la medicina y la asistencia médica, la educación, las ciencias empresariales, la contabilidad, el derecho, la teología, las artes.Me parece que la informática es elegible como una de las ciencias empresariales.

67. *Soy un artista del espectáculo en mi país. ¿Es esta visa propicia para mi?*

No. Tendrá que fijarse en una de dos nuevas clasificaciones de visa que fueron adoptadas por la Ley de Inmigración de 1990: la visa O-1 o la visa P-1 (más sobre ellas después).

68. *¿Con respecto a mi, el estudiante con visa F-1 que desea cambiarse al estado H-1B, qué necesita hacer mi futuro empleador?*

Dos cosas: pedir que le cambien su estado por medio de la planilla I-129, la Petición para un Trabajador No-inmigrante (Petition for a Nonimigrant Worker, en inglés), conjunto con $75 pagable a «Immigration and Naturalization Service,» y presentar la planilla ETA 9035, la Solicitud de Condición de Trabajo para No-inmigrantes (Labor Condition Application, en inglés), al Departamento de Trabajo de los Estados Unidos.

69. *¿Qué debe declarar mi empleador en la planilla I-129?*

Debe señalar el espacio 2(a) para indicar que este es un nuevo trabajo, y el espacio 4(b) para solicitar que se le cambie el estado a H-1B. Su empleador tendrá que mandar una fotocopia auténtica de su diploma, conjunto con su expediente académico, que reflejará su especialidad en informática.

Su empleador tendrá que declarar que el puesto que se le ofrece requiere un calibre de trabajador que tenga conocimiento especializado y sea licenciado. El empleador también tendrá que declarar que de costumbre en este campo de especialidad se contrata a personal licenciado.

70. *¿Qué es lo que mi empleador hace costar en la Solicitud de Condición de Trabajo?*

Su empleador tendrá que declarar bajo juramento que el salario que se le pagará a Ud. corresponde al nivel de sueldo para ese trabajo en la empresa, o al nivel de sueldo preponderante para dicho puesto en la vecindad, cual sea mayor.

El empleador también tendrá que declarar que su contratación no afectará de manera adversa a los trabajadores estadounidenses.

71. *Supongamos que el S.I.N. le aprueba a mi empleador la petición para cambiar mi estado. ¿Por cuánto tiempo puedo permanecer en el estado H-1B?*

Inicialmente, un plazo de tres años. Puede prolongar su estadía hasta un máximo total de seis años. Sin embargo, tome en cuenta que la Solicitud de Condición de Trabajo, después de ser aprobada por el Departamento de Trabajo, es válida por solo tres años.

72. *¿Si me ofrecen un mejor puesto de programador, puedo quedarme con el estado H-1B para poder trabajar en ese nuevo puesto?*

No. Su estado H-1B está vinculado a un empleador en particular. Si quiere cambiarse de trabajo, su nuevo empleador tendrá que comenzar el proceso de nuevo por medio de la planilla I-129.

73. *Si vuelvo a mi país para unas vacaciones, ¿qué visa tengo que presentar cuándo regrese?*

Su pregunta ilustra la diferencia entre poseer una visa y poseer un estado. Ud. posee el estado H-1B, ya que su empleador le ayudó a cambiarse de F-1 a H-1B. Sin embargo, la visa en su pasaporte todavía refleja la F-1, que ya no tiene uso práctico.

En cuanto llegue a su país, tendrá que ir a la sección de visas de no-inmigrante en el consulado estadounidense, mostrar que ha cambiado su estado, y obtener un nuevo sello de visa en su pasaporte. Con el nuevo sello que refleja la visa H-1B, Ud. podrá volver a los Estados Unidos.

74. *Trabajo como modelo en mi país. Una conocida agencia de modelos me ha ofrecido trabajo en los Estados Unidos. No soy licenciado en una ocupación especializada. ¿Qué visa es propicia para mí?*

Aunque no parezca posible, puede solicitar la visa H-1B. Esto tal vez demuestra que la alta costura cuenta con un eficaz sistema de cabildeo, porque de lo contrario su profesión no resultaría elegible. El empleador, o la empresa interesada, hace lo mismo, es decir presentar la planilla I-129 y la Solicitud de Condición de Trabajo. Su empleador tiene que comprobar que Ud. es un modelo con mérito y habilidad distinguida, que significa estar sumamente capacitado, y comprobarlo por medio de una demostrada trayectoria de contrataciones, fotografías y publicidad.

Visto que está en el extranjero, su futuro empleador estadounidense presenta la planilla I-129 al S.I.N. Si le apueban la petición, se envía la misma al consulado estadounidense en su país para que le expidan la visa.

75. *Tengo preparación de enfermera en mi país. ¿Es propicia la visa H-1B para mí?*

Sí. Hasta el 1 de septiembre, de 1995, la visa apropiada para enfermeras era la H-1A, que a partir de esa fecha se venció. Solicitudes para la visa H-1A que se presentaron hasta esa fecha serán adjudicadas por el Departamento de Estado y el S.I.N., pero no solicitudes nuevas.

76. *Mi visa* H-1A *tiene validez por tres años y está por caducarse. ¿Me la prolongarán, o tendré que cambiarme el estado a* H-1B?

Si no pidió una prolongación antes del 10 de septiembre, de 1995, no decidirán su pedido. En dado caso, debe solicitar el cambio de estado a H-1B, que le aprobarán por tres años adicionales.

77. *¿Los requisitos para obtener una visa* H-1B *como enfermera que ha cursado estudios son distintos a los de otras ocupaciones especializadas?*

Son los mismos. Debe mostrar que posee por lo menos la licenciatura o su equivalente. Fijándome en los requisitos de la ya vencida visa H-1A, les propongo estas sugerencias: si está en su país, demuestre que posee la licenciatura para ejercer la profesión de enfermera allá; si está en los Estados Unidos, demuestre que ha sacado un aprobado en los exámenes necesarios bajo las normas del Departamento de Salud y Servicios Humanos de los Estados Unidos, y obtenga una licencia para ejercer la profesión de enfermera en el estado donde piensa trabajar.

78. *¿Mi empleador también tiene que presentar la Solicitud de Condición de Trabajo y la declaración bajo juramento al Departamento de Trabajo de los Estados Unidos?*

Sí, como cualquier otra solicitud para el estado H-1B.

79. *Trabajo cortando caña en Jamaica. ¿Existe una visa que me permite hacer esto en los Estados Unidos?*

Sí, la visa H-2A para quien quiere emprender trabajo agrícola temporalmente. El empleador presenta la planilla I-129 después de obtener una certificación de trabajo temporaria con relación a un trabajador agrícola. Si le aprueban, el archivo será enviado al consulado estadounidense en su país para que se le expida la visa.

Para proteger la condición de los trabajadores estadounidenses, el Departamento de Trabajo requiere que empleadores ofrezcan trabajo a cualquier trabajador estadounidense que esté capacitado hasta que se haya cumplido el 50% del proyecto. Aún así, los estudios indican que solamente el 3% de los trabajadores en este trabajo agotador son trabajadores estadounidenses. O sea que, si no fuera por los trabajadores extranjeros, no hubiera quien corte la caña estadounidense.

80. *¿Qué trabajo puede uno emprender con la visa* H-2A?

En el 1992, el último año en cual se estudió este tema, el 30% recogieron manzanas; el 27% cosecharon tabaco; el 22% cortaron caña en la Florida; y el 8.5% trabajaron como pastores de ovejas (esta última categoría está incluida en la visa H-2A, aunque no es trabajo agrícola).

81. *Dispongo con mucho dinero en mi país, y quisiera venir a emprender un negocio en los Estados Unidos. ¿Existe una visa para mi?*

Quizás, si hay un tratado comercial entre los Estados Unidos y su país.

La visa E-1 es para un comerciante; la E-2 para un inversionista.

82. *¿Qué es necesario para obtener la visa E-2 como un inversionista?*

Ud. debe comprobar que viene con el único propósito de dirigir una empresa en la cual ha invertido, o en la cual está por invertir, una considerable cantidad de capital.

83. *¿Qué pasa por una considerable cantidad de capital?*

No hay cifra fija. El significado de considerable depende en todos sus recursos. Considerable en relación a Ud. es mucho menos que cuando se habla de un magnate. Lo importante es el estar dispuesto a arriesgarse por medio de una inversión de dicha cantidad.

84. *¿A qué se refiere el término «estar por invertir»?*

Que ha hecho más que pensarlo, que ha destinado fondos de manera irrevocable.

85. *¿Y qué si soy un comerciante?*

Para poder obtener la visa E-1, Ud. debe demostrar que el único propósito de su viaje es para involucrarse en comercio sustancial, principalmente entre los Estados Unidos y su país.

86. *Estoy pensando mandar una carga de ordenadores personales a los Estados Unidos. ¿Es esto comercio sustancial?*

No. El comercio tiene que ser continuo, con numerosas transacciones.

87. *¿A qué se refiere el comercio principalmente entre los Estados Unidos y mi país?*

La norma es que más del 50% del comercio debe ocurrir con su país.

88. *¿Se necesita también presentar una petición al S.I.N.?*

No. Las visas E-1 y E-2 pueden ser expedidas directamente por el Departamento de Estado, y Ud. tiene que convencer a un funcionario del consulado estadounidense en su país que está capacitado para estas visas.

89. *Era gerente de la empresa en mi país. La empresa ahora desea que me encargue de la sucursal en los Estados Unidos. ¿Qué especie de visa necesito?*

Para un gerente o ejecutivo, la visa apropiada es la L-1, para efectuar el traslado de trabajadores dentro de la empresa.

Visto que vivimos en un mercado mundial, se necesita que los negociantes mejoren el comercio internacional facilitándoles a ellos la capacidad de viajar rutinariamente entre los Estados Unidos y su país.

90. *¿Cómo hago para obtener esta visa?*

Debe demostrar que entrará a los Estados Unidos para trabajar de gerente o ejecutivo, o en algo que implica el uso de conocimientos especializados (como, por ejemplo, un trabajador que conoce los ingredientes de un producto como Coca Cola, los mantiene bajo confianza y trata de confundir a los competidores).

91. *Comencé de gerente apenas seis meses atrás. ¿Todavía tengo derecho a esta visa?*

No. Necesita demostrar que ha trabajado como gerente o ejecutivo continuamente por siquiera un año en los últimos tres.

92. *Si trabajo con una empresa por un año y después me contrata otra empresa para trabajar en los Estados Unidos, ¿tengo derecho a esta visa?*

No. Tiene que trabajar con la misma empresa (o empresas afiliadas) en los Estados Unidos.

93. *¿Puedo obtener la visa L-1 por mi propio esfuerzo?*

No. Ud. necesita un abogado que le informe sobre los detalles para mejor argumentar que tiene derecho a la visa.

94. *Soy director de una orquesta sinfónica en mi país. Me han ofrecido el directorio de una orquesta estadounidense por unos años. ¿Puedo obtener una visa?*

Sí. La Ley de Inmigración de 1990 adoptó una nueva visa, titulada visa O-1, para personas que poseen aptitud extraordinaria en uno de cinco campos.

95. *¿Cuáles son los cinco campos?*

La sciencia, las artes, la educación, los negocios, y el atletismo. Nos encontraremos con estas categorías más adelante, cuando toque el tema de como su empleador le puede ayudar a que obtenga un trabajo fijo y la visa de inmigrante por medio de su aptitud extraordinaria.

96. *¿Cómo demuestro que poseo aptitud extraordinaria?*

Debe demostrar que le han reconocido por sus dotes, y que tiene reputación nacional o internacional, no solamente en su ciudad o región del país.

97. *¿En qué se fija el S.I.N.?*

Su futuro empleador presenta la planilla I-129, conjunto con fotocopias de sus grados, su distinción, y la favorable publicidad que ha tenido su carrera.

El S.I.N. decidirá la petición. Si le aprueban, se enviará el archivo al consulado estadounidense en su país para que le expidan la visa.

98. *¿Puedo llegar con la visa O-1 y después escribir una novela en vez?*

Le sugiero que si escribe, lo haga en su tiempo libre. El objetivo de la visa O-1 es para permitirle a Ud. continuar su trabajo que le trajo la fama y que sirvió para demostrar que tiene aptitud extraordinaria.

99. *¿Cómo se beneficia los Estados Unidos?*
La Fiscal General de los Estados Unidos (en realidad, el S.I.N.) tiene que determinar que su estadía beneficiará a los Estados Unidos de manera importante. Además de demostrar su buen trabajo como director de orquesta, se le sugiere ofrecerse para actividades comunitarias, como por ejemplo la dirección durante un ensayo de una orquesta estudiantil.

100. *Soy el director técnico del equipo de baloncesto que ganó el campeonato en mi país el mes pasado. Hay una posibilidad que nos contraten para venir a jugar en los Estados Unidos. ¿Qué visa necesitan los miembros del equipo?*
Podrán viajar con la nueva visa, adoptada por la Ley de Inmigración de 1990, titulada visa P-1, que le sirve a los atletas, artistas, y artistas del espectáculo.

101. *¿Qué deben demostrar los miembros del equipo?*
Que son miembros de un equipo que se desenvuelve en un nivel reconocido internacionalmente, y que piensan entrar a los Estados Unidos para participar en un evento fijo.

102. *¿Puedo obtener mi visa, y la de los miembros del equipo, por mi propio esfuerzo?*
Un buen abogado de inmigración podrá obtener ambas visas más ligeramente y en manera más eficaz, y por eso le recomendamos que lo consulte.

103. *Soy músico, pero vivo en una parte alejada en mi país, donde se practican tradiciones vinculadas a una poco conocida tribu. ¿Existe una visa para mi?*
Quizás, pero tendrá que ser contratado para presentarse en los Estados Unidos. Si recibe dicha invitación, podrá pedir la visa P-3, mediante cual nos permite ampliar nuestro conocimiento de las diversas culturas y artes del mundo.

104. *¿Qué necesito hacer para demostrar que tengo derecho a la visa P-3?*
Demostrar que Ud. participa en un programa recíproco entre los Estados Unidos y su país, y que lo que aporta como músico es, culturalmente hablando, único,

105. *¿Qué es lo que la ley de inmigración considera culturalmente único?*
Se define como un estilo de expresión artístico, una metodología, o medio particular en un país, sociedad, clase, grupo étnico, religión, tribu, u otro grupo de personas. Mantenga fotocopias de comentarios sobre su música y tradiciones escritos por musicólogos o críticos para que pueda ampliamente describir su trabajo.
Le deseo suerte. Sin duda que el público estadounidense se enriquecerá con la nueva música.

106. *Conocí a una chica muy simpática cuando estaba tomando un curso en el extranjero el año pasado. Deseamos casarnos. ¿Qué puedo hacer para ayudarle entrar a los Estados Unidos y obtener la tarjeta verde?*

Antes que nada, una pregunta: ¿es Ud. ciudadano estadounidense?

107. *Sí, soy un ciudadano estadounidense.*

Muy bien. Si es ciudadano estadounidense y tiene una novia extranjera, ella puede solicitar la visa K-1 de no-inmigrante.

En cuanto se le expida la visa, podrá entrar a los Estados Unidos, casarse con Ud., e inmediatamente después presentar la solicitud para ajustarse el estado a residente legal. Si tiene hijos de un lazo previo, podrán acompañarla con el estado de no-inmigrante K-2.

108. *¿Qué debe hacer para obtener la visa?*

Debe demostrar que Ud. y ella se conocieron personalmente en los últimos dos años. Deben demostrar que piensan casarse dentro de noventa días después que ella entre a los Estados Unidos con el estado K-1.

109. *¿Tengo que patrocinarla por medio de una petición?*

Sí. Ud. consta como el peticionario, ella como la beneficiaria, y Ud. presenta la planilla I-129F, la Petición para un/a Novio/a Extranjero/a (Petition for Alien Fiance(e), en inglés), conjunto con $75 pagable al S.I.N. Si le aprueban, la petición será enviada al consulado estadounidense en el país de su novia.

110. *¿Se le trata a esta visa como cualquier otra visa a corto plazo?*

No. Visto que esta visa pronto se convertirá en residencia legal, el funcionario del consulado la tratará como si fuera una solicitud para una visa de inmigrante (de estadía permanente).

Por lo tanto, el funcionario del consulado tratará de asegurar que su novia es admisible a los Estados Unidos (por ejemplo, demostrando que no tiene un antecedente policiaco, el virus que causa el S.I.D.A., u otra condición severa, y que es poco probable que se convertirá en una carga pública).

111. *Con relación al requisito de haberse conocido en los últimos dos años, ¿qué pasa si mi novia es de un país y cultura que se le prohibe reunirse conmigo hasta que nos casemos?*

En dado caso, se le otorgará un permiso especial en lugar del requisito de haberse conocido personalmente. Tiene que demostrar que ella está sujeta a dicha prohibición, probablemente por medio del oficial religioso que celebrará el matrimonio en los Estados Unidos y quien tiene conocimeinto de la prohibición.

Si pide este permiso especial, la expectativa es que se casen conforme a los requisitos estrictos de su religión y paí.s. ¡No debe pedir el permiso especial para después casarse en el ayuntamiento!

112. *Mi novia tiene un hijo en su país, producto de un noviazgo de años atrás. ¿Puede el niño obtener una visa por medio de mi petición para su madre?*

Sí. Se le expedirá la visa K-2 (como dependiente del que posee la visa K-1) al mismo tiempo que se le dará la visa K-1 a su novia, siempre y cuando compruebe que es la madre.

113. *¿Qué plazo de tiempo, después de que llegue mi novia, nos dan para casarnos?*

Su novia tiene que casarse con Ud. (¡no otra persona!) dentro de noventa días después que un agente de inmigración en el puerto de entrada la admita.

114. *¿Cuánto tiempo debe esperar antes de presentar su solicitud para ajustar su estado a residente legal?*

Puede presentar la planilla I-485, la solicitud para ajustar el estado, inmediatamente después de casarse.

115. *¿Tendrá que pagar la multa de $650 que me han dicho?*

No. Por estar en estado válido de no-inmigrante, ella tendrá que pagar solamente $130, más los costos de un examen médico, las fotografías y huellas digitales.

116. *¿Si ya se le exigió presentar exámenes médicos en relación a mi petición I-129F, tendrá que hacerlo otra vez?*

No, ya no es necesario obtener más exámenes.

117. *¿Puede mi esposa obtener un permiso de trabajo mientras se procesa la solicitud de ajuste de estado?*

Sí. Tendrá que presentar la nueva planilla I-765 (la versión del 25 de Abril de 1995), la Solicitud para Permiso de Trabajo (Application for Employment Authorization, en inglés), conjunto con $70 pagable a «Immigration and Naturalization Service,» las huellas digitales y fotografías, y enviarla a la oficina del Servicio que se le indica en las instrucciones. Deberá colocar (c)(5) (K-1 o K-2) en el espacio 16 y enviar un comprobante que ha presentado la planilla I-485. El permiso de trabajo, que le enviarán por correo o tal vez podrá recogerlo personalmente en la oficina local, tendrá validez por un año.

4

¿Le Mantendrá Afuera el Servicio de Inmigración?

Al llegar con su pasaporte y visa al puerto de entrada estadounidense por primera vez, un agente de inmigración decidirá si le admite o no. Es más, cuando le entrevistaron para la visa en el consulado estadounidense en su país, tal vez ya existían razones por las cuales el funcionario del consulado debió negarle su pedido.

Si el S.I.N. no le permite entrar después de aterrizar en el puerto de entrada, le exigirán volver inmediatamente a su país de origen (es decir, «retirar la solicitud para ser admitido» y aceptar la llamada «partida voluntaria»), o se le sujetará a procedimientos de exclusión y tendrá que comparecer frente a un juez de inmigración. En dado caso, Ud. necesitará la ayuda de un buen abogado de inmigración lo más pronto posible.

La información en este capítulo no substituye a un buen abogado. El capítulo solamente le aconseja sobre ciertos problemas que suelen suceder cuando uno solicita una visa, o pide ser admitido en el puerto de entrada, o solicita el ajuste de estado a residente legal.

---

1. *¿Qué documentos necesito para viajar a los Estados Unidos y ser admitido por el S.I.N.?*

Necesita su pasaporte y, a lo menos que tenga derecho a participar en el Programa Experimental de Permiso Especial en Lugar de Visa, una visa expedida por el consulado estadounidense en su país. El pasaporte debe tener validez de por siquiera seis meses posterior al plazo de tiempo que el S.I.N. le otorga permanecer en los Estados Unidos al llegar en el puerto de entrada.

2. *¿Qué tipo de visas es que el consulado estadounidense decide si expedir o no?*

Hay dos clases de visa, una de estadía corta, y la otra para la residencia permanente en los Estados Unidos. La visa a corto plazo es conocida como una visa de no-inmigrante. La visa para residir permanentemente se le conoce como visa de inmigrante. Con relación a pedidos para ambas clases de visa, un funcionario del consulado determinará si Ud. es elegible.

3. *¿En caso que me rechacen mi solicitud, puedo apelar dicha denegación?*

No. No puede apelar la denegación. Si el funcionario del consulado le niega su solicitud, esa decisión es definitiva. No existe manera de apelar la decisión dentro del Departamento de Estado o por proceso jurídico. Lo único que puede hacer es pedir que el supervisor revise la determinación del funcionario bajo su mando. No es obligatorio revisar la denegación. Por eso, resulta muy importante estar al tanto de los varios estorbos que pueden surgir cuando uno solicita una visa, y intentar superarlos antes de su entrevista en el consulado.

4. *¿Si el funcionario del consulado me expide una visa, me garantiza ser admitido a los Estados Unidos después de llegar al puerto de entrada?*

No. La visa solamente le otorga llegar en un puerto de entrada estadounidense, usualmente el aeropuerto internacional. Es el agente de inmigración en el puerto de entrada quien determinará si puede ser admitido a los Estados Unidos o no.

5. *¿Cuándo es que el S.I.N. decide permitirme la entrada?*

He aquí las veces que Ud. tiene que comprobar al S.I.N. que es admisible a los Estados Unidos:

- Cuando llega al puerto de entrada con una visa a corto polazo (visa de no-inmigrante), en cual caso se le considera un *solicitante de entrada*;

- Cuando llega al puerto de entrada con una visa a largo plazo (visa de inmigrante), en cual caso también se le considera un *solicitante de entrada*;
- Cuando está en los Estados Unidos y ha presentado una solicitud para ajustarse el estado a residente legal;
- Una vez con la tarjeta verde, cuando intenta regresar a los Estados Unidos después de una salida (existe una excepción a esta norma, vea Pregunta 17).

En todas estas situaciones Ud. debe comprobar que es admisible a los Estados Unidos, y no lo contrario, es decir que *está sujeto a exclusión*.

6. *Si no me admite el agente de inmigración en el puerto de entrada, ¿tengo derecho a apelar su decisión?*

La respuesta es «No» si Ud. llegó sin visa por medio del Programa Experimental de Permiso Especial en Lugar de Visa. En dado caso, Ud. ha renunciado su derecho a contrapuntear la decisión del agente de inmigración. Le mandarán a su país en el próximo vuelo.

Si llega con visa, y el agente de inmigración le niega la entrada, le tratará de convencer para que retire su solicitud de entrada y vuelva a su país en el próximo vuelo, o le sujetarán a procedimientos de exclusión para así permitirle entrar o excluirlo del país. Para comenzar dicho proceso le entregarán a Ud. la planilla I-122, Solicitante de Entrada Detenido/Audiencia Aplazada ante un Juez de Inmigración (Applicant for Admission Detained/Deferred for Hearing before Immigration Judge, en inglés). En este procedimiento, Ud. podrá plantear su solicitud de entrada de nuevo ante un Juez de Inmigración, pero necesitará la ayuda de un buen abogado.

No tiene derecho a apelar la decisión del agente de inmigración del puerto de entrada por medio del S.I.N.

7. *Tengo una cita en el consulado estadounidense en relación a mi pedido para una visa de inmigrante. Sufro de esclerosis múltiple y ando en una silla de ruedas. ¿Se me hará difícil obtener una visa y después ser admitido a los Estados Unidos?*

Ud. es minusválido, que no es razón suficiente para excluirlo (pero, en caso que solicite la visa de inmigrante, fíjese si hay probabilidades de que se convierta en una carga pública, que sí es motivo suficiente para excluirlo).

La ley de inmigración usa el término *afección o trastorno* (physical or mental defect, en inglés), no minusvalía. También aclara que solamente conducta dañina a Ud. u otras personas sería suficiente para excluirlo. Por ejemplo, Ud. no será admisible a los Estados Unidos si sufre de un trastorno mental que le hace actuar violentamente y que representa un peligro para la seguridad de otras personas.

Esclerosis múltiple, que le debilita pero no representa un peligro para la seguridad de Ud. y otras personas, no constituye una afección o trastorno. Por lo tanto, Ud. recibirá la visa, y el S.I.N. le permitirá entrar a los Estados Unidos.

8. *Tengo una cita con el S.I.N. para ajustar mi estado. He vivido en los Estados Unidos* *por los últimos diez años. Mi esposa e hijos son ciudadanos estadounidenses. Tengo preparación de programador y me han ofrecido trabajo tan pronto como me ajuste el estado. Pero los resultados de mis exámenes médicos de la clínica médica indican que soy seropositivo con V.I.H. (H.I.V., en inglés), el Virus de Inmunodeficiencia Humana. ¿Podré ajustar el estado y obtener la tarjeta verde?*

No, a lo menos que obtenga un permiso especial (waiver, en inglés).

Una reacción seropositiva (V.I.H. es el virus que causa el S.I.D.A.) significa bajo la ley de inmigración que Ud. padece de una enfermedad contagiosa peligrosa para la salud pública, y por eso está sujeto a exclusión. Tome en cuenta que a veces se equivocan con los exámenes y por eso debe acudir a otra clínica. Si confirma los resultados, es posible pedir un permiso especial si existen variables que le favorecen a Ud.

Quizás obtendrá el permiso especial si Ud. es el cónyuge, hijo/a soltero/a o niño, inclusive adoptado, de un/a ciudadano/a estadounidense, residente legal o alguien que ha recibido la visa de inmigrante.

La ley también indica que tal vez podrá obtener el permiso especial si tiene hijos (solteros o casados, y de cualquier edad) quienes son ciudadanos estadounidenses, residentes legales, o personas que han recibido la visa de inmigrante.

Obtenga la asistencia de un buen abogado de inmigración, y solicite el permiso especial. Tendrá que presentar la planilla I-601, la Solicitud de Permiso Especial con Relación a Motivos de Exclusión (Application for Waiver of Grounds of Excludability, en inglés), conjunto con $95 pagable a «Immigration and Naturalization Service.» Debe presentar esta solicitud a la misma vez que presenta su solicitud para el ajuste de estado.

9. *¿Si soy seropositiva, tendré problemas en torno al tema de una carga pública?*

Quizás. Un solicitante de visa de inmigrante o ajuste de estado debe comprobar que es poco probable que se convierta en carga pública (es decir, no poder ser económicamente independiente, y por eso tener que acudir a la asistencia pública). Aviso: no existe un permiso especial con relación a este motivo de exclusión.

Una carta de la empresa que le ha ofrecido un puesto tan pronto como logre ajustar su estado es un factor positivo. Debe averiguar si la póliza de seguro médico en la empresa le cubrirá tratamientos relacionados a su condición.

10. *Mi esposa, que es residente legal, me patrocinó algunos años atrás, y ahora tengo una cita para la visa de inmigrante. De estudiante en la universidad, fumé marihuana de vez en cuando, como también lo hicieron mis amigos. ¿Me resultará complejo esto?*

Sí. Si le preguntan sobre esto y responde así, tendrá problemas. Aviso: no existe un permiso especial con relación al que consume drogas o los drogadictos.

Supondré que Ud. no se considera un drogadicto o alguien que consume drogas, y que contestó «No» a la pregunta en su solicitud de visa de inmigrante. Su respuesta, por supuesto, ya se encuentra en los archivos del consulado estadounidense. Lo importante es si a Ud., desde el punto de vista del funcionario que le entrevistará, se le considera un drogadicto o alguien que consume drogas.

11. *¿A quién se refiere la ley de inmigración por estos términos?*

He aquí el significado adoptado por el S.I.N. basado en normas del Servicio de Salud Pública: un drogadicto o una persona que consume drogas se refiere a alguien que consume sustancias controladas (como la marihuana, la heroína, la cocaína, la cocaína de primera, o «crack,» pero también incluye a las anfetaminas y a los barbitúricos) para propósitos no médicos.

12. *¿Y qué significa el consumo de sustancias controladas para propósitos no médicos?*

Quiere decir lo siguiente: «Para propósitos no médicos entiende más que simplemente probar la sustancia (p.ej., un solo uso de marihuana u otras sustancias psicoactivas obtenidas sin receta, como las anfetaminas o los barbitúricos).»

A fin de cuentas, si probó la marihuana solamente una vez, todavía es admisible. Si la ha fumado «de vez en cuando,» no es admisible y el entrevistador le rechazará su solicitud. Le aconsejamos que refleja bien sobre esto antes du su entrevista, aunque lo mejor sería que el tema no surja y que el funcionario esté satisfecho con la respuesta «No» que figura en la planilla.

13. *Tengo veinticinco años de edad y he sido residente legal por los últimos cinco. Hace unos años me declaré culpable de evasión de impuestos sobre la renta, por lo cual me sentenciaron a condena condicional. Pienso volver a mi país a ver a mis parientes. ¿Tendré dificultades cuando intente regresar?*

Sí, en caso de que el S.I.N. actúe eficazmente y se entere de su convicción.

Tal vez pensó que, mediante la declaración de culpabilidad y la sentencia de condena condicional, Ud. había pagado su deuda a la sociedad y gozaba su libertad en la plenitud. Pues no es así según la ley de inmigración. Si resulta convicto (o se declara culpable, que viene a ser lo mismo) de un delito que implique depravación moral, Ud. está sujeto a motivos de exclusión. Cuando intente regresar a los Estados Unidos, le detendrán en el puerto de entrada y le sujetarán a procedimientos de exclusión.

14. *Bajo la ley de inmigración, ¿qué significa un delito que implique depravación moral?*

Puede ser un crimen violento, como el robo, la violación, el asesinato, o algo no violento, como un delito que refleja mala conducta o la falta de honradez.

El término implica algo bajo o vil, de acuerdo con las normas de la comunidad. En los Estados Unidos, el hecho de evadir el pago de los impuestos es repugnante (aunque algunas personas lo hacen sin caer en las manos de la justicia). Aunque no le ha herido a alguien físicamente, la ley de inmigración le trata a Ud. de manera tan severa como si lo hubiera hecho. Los delitos no violentos que implican depravación moral incluyen la evasión de impuestos sobre la renta, el fraude relacionado a la asistencia social, al programa Medicaid, a los cupones canjeable por comida, y el robo de comida o ropa en una tienda (shoplifting, en inglés).

Otra conducta no violenta que implica la depravación moral incluye la prostitución y la obtención de la prostitución (es decir, contratar con fines de lucro a mujeres a que se conviertan en prostitutas). Por supuesto, la prostitución también incluye la prostitución por parte de los hombres y los niños.

15. *¿Existe una excepción al hecho de estar sujeto a motivos de exclusión por haber cometido un delito que implique depravación moral?*

Sí, pero es bastante estrecha.

Si Ud. resulta convicto de un delito (solamente uno) que implique depravación moral antes de que cumpla los dieciocho años de edad, y si han pasado cinco años desde que lo cometió o se le dejó en libertad, Ud. no está sujeto a motivos de exclusión.

No le detendrán en el puerto de entrada y no le rechazarán su solicitud de visa de inmigrante o de ajuste de estado. Su juventud y el pasar del tiempo le protegerán.

Visto que ya había cumplido los dieciocho años de edad cuando cometió el delito, su caso no cae dentro de la excepción.

16. *¿Si no puedo hacer uso de esta excepción, podré pedir un permiso especial?*

Sí, pero necesita ser el cónyuge, padre, madre, hijo/a (casado/a o no, de cualquier edad) de un/a ciudadano/a estadounidense o residente legal, y demostrar que su familiar sufriera privaciones excepcionales si le expulsarán a Ud. Para más detalles sobre como demostrar privaciones excepcionales en caso de ser deportado, fíjese en el capítulo 3, Pregunta 41.

Siendo soltero, no puede solicitar un permiso especial. Por lo tanto, le sujetarán a procedimientos de exclusión y el S.I.N. intentará expulsarlo del país. Ud. necesita consultar con un buen abogado de inmigración acerca de este aprieto.

17. *Pero mi mamá murió hace unos días y debo asistir a su velorio. Me quedaré solamente tres días. ¿Podré volver?*

Tal vez, bajo una estrecha excepción al curso de acción que emprende el S.I.N. cada vez que una persona intenta entrar a los Estados Unidos. Bajo una decisión conocida como *Fleuti*, que fue decidida por la Corte Suprema de los Estados Unidos en el 1963, no lo inspeccionarán con fines de averiguar si está sujeto a exclusión si es que su salida ha sido breve, casual, inocente, y no interrumpió su residencia legal de manera significativa. Si el S.I.N. se equivoca y le detienen, haga que su abogado plantee una moción *Fleuti*, argumentando que su regreso tras una visita breve no implica una «entrada» (se que esto parece no tener lógica, pero su abogado podrá utilizar esta norma para obtener resultados favorables a Ud.).

18. *Soy homosexual. Pienso solicitar una visa a corto plazo para viajar a los Estados Unidos. ¿Será imposible obtener la visa?*

No. Eso no tiene nada que ver con su elegibilidad a la visa, ya sea de inmigrante o de no-inmigrante.

Años atrás le hubiera contestado de manera distinta. La ley de inmigración antes sujetaba a la exclusión al ciudadano extranjero «psicópata, pervertido, o enfermo mental.» Al homosexual se le trataba como psicópata y pervertido, y los funcionarios del consulado acostumbraban a preguntar sobre este tema. Ya no es así. Lo único que queda de este motivo de exclusión es el trastorno, y eso solamente si la conducta en cuestión resulta dañina al ciudadano extranjero, u otra persona.

Sin embargo, le aconsejo cautela. Existen funcionarios que habían sido entrenados bajo la ley de antes, que consideraba la homosexualidad un motivo de exclusión. Aunque la ley ha cambiado, el punto de vista de ellos tal vez no. Su orientación sexual ya no tiene nada que ver con el asunto de ser o no admisible, pero le aconsejo no empezar a tocar el tema tampoco. La entrevista debe mantenerse dentro del margen de lo relevante para determinar si Ud. es admisible.

19. *Nací y me crié en un país dentro del bloque del Este, que antes estaba bajo dominio comunista. Antes de terminar la secundaria, me exigieron pertenecer al partido comunista. Mi cónyuge ciudadano estadounidense me patrocinó y tengo una cita para ser entrevistada para la visa de inmigrante. ¿Tendré dificultades?*

No. Si detalla como es que le forzaron hacerse miembro, no le impedirán la visa.

La norma es que no será admisible si perteneció a, o estuvo afiliado con, el partido comunista de cualquier país. Note que la prohibición no se aplica con relación a viajes de corto plazo con la visa de no-inmigrante.

Con respecto al inmigrante, también existe una excepción si le hicieron miembro en contra de su voluntad o antes de cumplir los dieciséis años, o si es que no podía obtener lo indispensable, como el empleo y la comida, sin ser miembro. En su situación, Ud. no eligió ser miembro: tenía que serlo para poder terminar sus estudios y sobrevivir. Presente una declaración bajo juramento conjunto con su solicitud, y subraye (si es propicio) su antipatía al comunismo, el dolor que le causó ser miembro, y su deseo de vivir en un país en el cual tiene libertad de opinión.

20. *¿Puede obtener una visa y ser admitido a los Estados Unidos un miembro de una organización terrorista?*

Bajo la nueva ley de inmigración, los miembros de cualquier organización que el Secretario de Estado haya designado como «organización terrorista extranjera» no serán admitidos en los Estados Unidos. Este es un cambio a la antigua ley, la cual impedía la entrada en los Estados Unidos a cualquier ciudadano extranjero que estuviera involucrado en actidades terroristas,» lo cual significa más que solamente ser miembro de alguna organización terrorista.

21. *Llegué a los Estados Unidos hace tres años. Vine como visitante, pero me quedé. Tengo una entrevista para el ajuste de estado basada en la petición que presentó mi cónyuge, que es residente legal. No tengo empleo fijo, pero de vez en cuando he trabajado cuidando niños y de mesera. ¿Tendré dificultades con relación a mi solicitud para el ajuste de estado?*

Quizás. La ley indica que no es admisible si el funcionario del consulado o el agente de inmigración (en su situación) piensa que es probable que Ud. se convertirá en una carga pública, es decir, una persona que, para sobrevivir, pedirá asistencia social. Aviso: no existe un permiso especial (waiver, en inglés) con respecto a este motivo de exclusión. Si el agente de inmigración cree que Ud. tendrá que pedir la asistencia social en el futuro, no podrá ajustar su estado a residente legal.

El agente de inmigración se fijará en el estándar de pobreza según las cifras del Departamento de Salud y Servicios Humanos de los Estados Unidos para determinar si Ud. está por encima del nivel de pobreza.

En 1997, las guías en los cuarenta y ocho estados y el distrito de Columbia indican que se está por encima del nivel de pobreza si el ingreso de una familia con: un miembro es de $7,890; dos miembros, $10,610; tres miembros $13,330; cuatro miembros, $16,050; cinco miembros, $18,770; seis miembros, $21,490; siete miembros, $24,210; ocho miembros, $26,930. Sume $2,720 por cada miembro adicional de la familia. (Estas guías son más altas en los estados de Alaska y Hawaii.) La nueva ley de inmigración requiere que aquellas personas que desean inmigrar o que están ajustando su estado, comprueben que sus recursos están 125 por ciento por encima del nivel de pobreza. La simple aritmética nos indica que una gran cantidad de personas de escasos recursos no podrán inmigrar o ajustar su estado. Lo que es más, la nueva declaración de sostenimiento actuará como un contrato ejecutable. Si una persona que ha firmado dicha declaración no puede sostener económicamente al inmigrante, esa persona puede ser demandada por la entidad guvernamental que provee beneficios, y por el inmigrante que se hubiera beneficiado por este contrato. Adicionalmente, esta declaración de sostenimiento debe ser válida no solamente por tres años, como en la ley anterior, sino por diez años o hasta que el inmigrante se convierta en ciudadano naturalizado de los Estados Unidos.

22. *¿Tendré dificultades si regreso a mi país antes que el S.I.N. adjudique mi solicitud de ajuste de estado?*

La nueva ley de inmigración aplica una multa drástica a personas que están en estado ilegal por haber permanecido más tiempo del permitido («overstay,» en inglés) por el S.I.N. cuya solicitud esté pendiente y salen de los Estados Unidos. Si una persona que está en estado ilegal por más 180 días después del 1o de abril, de 1997 (fecha en la cual la nueva ley de inmigración toma efecto), es decir hasta el 27 de septiembre, de 1997, sale de los Estados Unidos, esa persona sería inadmisible y no podría reingresar a los Estados Unidos legalmente por tres años después de su salida. Si el período de estado ilegal de dicha persona es de un año a partir del 1o de abril, de 1997 (hasta el 1o de abril, de 1998), y sale de los Estados Unidos, esa persona sería inadmisible al país por diez años después de su salida. Esta terrible adición a la nueva ley de inmigración implica que un ciudadano extranjero no tendrá la posibilidad de realizar ningún procesamiento que sea el resultado de una petición de visa aprobada, en su país de origen. ¿Qué es lo que el Congreso espera que estas personas hagan? Aparentemente, la respuesta es: «Regresen a su país de origen por tres o diez años, o permanezcan en los Estados Unidos en estado ilegal por lo menos ese tiempo.» No una solución factible para un problema serio.

Nota: Existe la posibilidad de obtener un permiso especial (waiver, en inglés) para esta dura provisión, aunque los abogados de inmigración consideran que sería muy difícil conseguirlo. Ud. podría obtener este permiso especial si logra convencer al S.I.N. de que causaría un «daño muy grave» a su cónyuge o a su padre, ciudadano estadounidense o residente legal, si este permiso especial no es aprobado, y su inadmisibilidad a los Estados Unidos por tres o diez años se pone en efecto. (Daños a Ud. o a su hijo(a), ciudadano estadounidense o residente legal, no califican como motivos válidos para obtener el permiso especial.)

Dadas estas dificultades, la única estrategia útil solía ser: «¡No salga de los Estados Unidos!» Sin embargo, el ajuste especial de esta provisión conocida como 245(i) (la cual fue extendida brevemente hasta del 30 de septiembre al 23 de octubre, de 1997) ha eliminado esta posibilidad. Aquellos ciudadanos extranjeros que estaban en estado ilegal o que entraron al país sin inspección, ya no pueden permanecer aquí para ajustar su estado (hay una excepción para parientes directos que entraron al país legalmente pero ahora están en estado ilegal.) El futuro traerá otras dificultades para ciudadanos extranjeros cuyo estado de no-inmigrante está caduco.

23. *Entré a los Estados Unidos hace seis años, con un pasaporte y nombre ajeno. El agente de inmigración en el puerto de entrada no se dio cuenta y me dejó entrar. Desde que llegué he trabajado cuidando niños, y ahora gano buen sueldo. Me enamoré de una residente legal y ahora estamos casados. ¿Me puede ayudar mi cónyuge?*

Debemos reflexionar sobre esto cuidadosamente, y Ud. debe consultar con un buen abogado de inmigración.

En primer lugar, Ud. entró a los Estados Unidos mediante fraude. La tergiversación implica que Ud. no es admisible. Pero, existe por los menos la posibilidad de un permiso especial (waiver, en inglés) para quizás salirse de este problema.

Ud. podría ser elegible para obtener un permiso especial por el fraude, pero únicamente si logra convencer al S.I.N. de que su cónyuge o su hijo(a), ciudadanos estadounidenses o residentes legales, sufrirían «daños muy graves» si no se le concede el ajuste de estado. Debido a que el fraude es un problema muy serio (utilizar un pasaporte falso), será muy difícil obtener este permiso especial bajo la nueva ley de inmigración.

¿Cómo debería proceder? Como veremos en el capítulo 8, no puede ajustar su estado hasta que una visa de inmigrante esté inmediatamente disponible. Quizás será mejor esperar hasta que su cónyuge tenga derecho a solicitar la naturalización (capítulo 20). En cuanto su cónyuge se convierta en ciudadano, Ud. se convierte en un pariente directo. En tal caso, la petición de su cónyuge puede presentarse al mismo tiempo que su solicitud de ajuste de estado.

Presente la planilla I-601, la Solicitud de Permiso Especial con Relación a Motivos de Exclusión (Application for a Waiver of Grounds of Excludability, en inglés), conjunto con $95 pagable a «Immigration and Naturalization Service» a la vez que presente la planilla I-485, la Solicitud de Ajuste de Estado. Tome en cuenta que tendrá que pagar la cifra total de $1,130 para ajustar su estado (vea capítulo 8).

24. *He oído decir que ahora hay otras consecuencias en caso de fraude relacionado a documentos. ¿Me perjudicarán a mi?*

No, en caso de que le aprueben la solicitud del permiso especial. He aquí lo que pasa: su cónyuge (que ahora es ciudadano estadounidense) presenta la planilla I-130, la Petición para un Pariente Extranjero, de parte suya, y Ud. presenta la planilla I-485, la Solicitud de Ajuste de Estado, por cuenta suya. Conjunto con dicha solicitud, Ud. presenta la planilla I-601, la Solicitud de Permiso Especial con Relación a Motivos de Exclusión, basándose en su matrimonio con un ciudadano estadounidense, y la petición de el por parte suya.

Si el S.I.N. le aprueba la solicitud de permiso especial, también le aprobarán su solicitud de ajuste de estado. El S.I.N. no comenzará procedimientos con relación a fraude de documentos contra Ud. si se le ha otorgado el permiso especial por la misma conducta.

En caso de una denegación, el S.I.N. también le rechazará su solicitud de ajuste de estado. Además, el S.I.N. podrá comenzar procedimientos con relación al fraude de documentos.

25. *Me deportaron hace un año porque me había quedado más tiempo de lo permitido y el S.I.N. me atrapó. Mi esposa es ciudadana estadounidense y me quiere patrocinar. ¿Podré viajar a los Estados Unidos pronto?*

Una vez deportado, no puede entrar a los Estados Unidos por lo menos cinco años, a lo menos que la Fiscal General de los Estados Unidos (en realidad, el S.I.N.) le permita. Su esposa debe consultar a un buen abogado de inmigración. Visto en su vínculo con una esposa ciudadana estadounidense, tal vez podrá convencerle al S.I.N. que le conceda esta oportunidad.

26. *A mi amigo le detuvieron en el puerto de entrada, le sujetaron a procedimientos de exclusión y le mandaron a su país. Sin embargo, regresó legalmente a los Estados Unidos después de aproximadamente un año. ¿A qué se debe la diferencia?*

Esto debió suceder hace mucho tiempo, bajo la ley anterior, en la cual una persona podía reingresar legalmente después de un año. Sin embargo, bajo la nueva ley Ud. no es sujeto a procedimientos de exclusión, sino que se le «remueve» y se le prohibe la re-admisión por cinco años.

5

Asilo Político

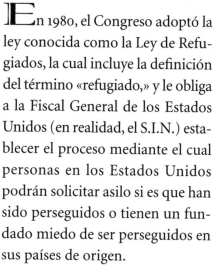

En 1980, el Congreso adoptó la ley conocida como la Ley de Refugiados, la cual incluye la definición del término «refugiado,» y le obliga a la Fiscal General de los Estados Unidos (en realidad, el S.I.N.) establecer el proceso mediante el cual personas en los Estados Unidos podrán solicitar asilo si es que han sido perseguidos o tienen un fundado miedo de ser perseguidos en sus países de origen.

Un fin de la ley de asilo es de no permitir que se expulse a quienes se han expuesto, por medio de la expresión de ideas, al castigo de ciertos gobiernos. Además, no solamente se trata de poseer y manifestar cierta opinión: quizás existe una característica a raíz de la cual el gobierno le perseguirá.

Dado que un objetivo de asilo es

en ayudar a gente vulnerable, las normas permiten que los que solicitan asilo puedan trabajar mientras que sus casos están pendientes. Ni la solicitud de asilo ni el pedido de permiso de trabajo cuestan dinero. A diferencia de cualquier otra solicitud que se presenta al S.I.N., que requiere dinero, el proceso de solicitar asilo se manifiesta como bastante generoso.

Sin embargo, la corriente contra el inmigrante se ha reforzado en los últimos años, y por eso veremos en este capítulo que las normas adoptadas por el S.I.N. en diciembre, de 1994 han hecho que el camino del solicitante de asilo sea aun más difícil.

En la discusión que sigue, tocaremos varias situaciones ficticias. No trataremos de proveer un listado de todas las posibles razones por las cuales se puede pedir asilo, sino les daremos una idea rápida de las distintas solicitudes que tal vez conduzcan a que se le conceda el asilo político.

Es muy importante consultar con un buen abogado de inmigración para que le ayude asesorar los aspectos fuertes y débiles de su caso. Si su caso tiene mérito, su abogado le ayudará a subrayar los variables que le favorecen a Ud. Le aconsejamos que no intente solicitar asilo político por su propia cuenta.

No obstante, bosquejaremos el proceso de asilo político, y tal vez habrá ciertos puntos similares entre su situación y uno de nuestros ejemplos ficticios.

La nueva ley de inmigración requiere que un inmigrante muestre «con evidencia clara y convincente» que su solicitud de asilo fue presentada durante el primer año de la fecha de efecto de la nueva ley (1o de abril, de 1997), si esa persona se encuentra ya dentro de los Estados Unidos, o durante el primer año a partir de esa fecha si la entrada al país sucedió después. Ajustarse a esta fecha límite será especialmente difícil para esas personas que entraron sin inspección y que, por lo tanto, no pueden mostrar un documento con su fecha de entrada al país estampada.

Ud. podría presentar su solicitud pasada esta fecha límite únicamente si «circunstancias cambiantes» en su país de origen (tales como un golpe de estado que otorga el poder a un dictador) «materialmente afecta» su eligibilidad para obtener asilo. Otro motivo para poder presentar su solicitud pasada la fecha límite es una «circunstancia extraordinaria» en su vida personal (como un accidente que ocurre cuando Ud. va camino a presentar su solicitud.) Sin embargo, podemos estar seguros que este nuevo límite será impuesto con vigor.

Bajo la nueva ley, aquellas personas que lleguen a los Estados Unidos sin los documentos necesarios serán sometidas a procedimientos de «deportación inmediata.» Si Ud. no logra convencer al agente del S.I.N. en el aeropuerto de que tiene un «pavor sincero» a la persecución en caso de ser devuelto a su país de origen, podría ser puesto en el siguiente vuelo a su país y prohibida su re-admisión por cinco años. Esto ya ha sucedido en cientos de casos desde que la nueva ley de inmigración entró en efecto el 1o de abril, de 1997.

---

1. *Soy Cubano. He tenido muchas dificultades con el gobierno, que me conoce como alguien opuesto al régimen. ¿Puedo solicitar asilo desde Cuba, o tengo que embarcar en un bote hacia Miami?*

No se arriesgue. Aunque sobreviva el viaje, es muy probable que los guardacostas estadounidenses le lleven a Cuba, bajo un nuevo curso de acción de los Estados Unidos, a lo menos que, por medio de una entrevista conducida en un barco, demuestre que tiene amplia razón para pedir asilo.

La norma es que alguien que teme ser perseguido en su país tiene que estar fuera del mismo para poder solicitar asilo. Sin embargo, surgió una excepción en 1994 con relación a haitianos que fueron aterrorizados por un régimen brutal, y que no pudieron escapar porque hubo un bloqueo. A ellos se les permitió solicitar asilo en el consulado estadounidense en Puerto Príncipe, la capital de Haití.

Otra excepción surgió mediante un acuerdo entre los Estados Unidos y Cuba del 9 de septiembre, de 1994, luego del éxodo de personas a los Estados Unidos por medio de barcos, balsas, y cámaras de aire. Si teme ser perseguido por el gobierno de Cuba, ahora puede solicitar asilo dentro del país. Puede presentar su solicitud en la Sección de Intereses de Estados Unidos en la Habana. Su caso tendrá más posibilidades de éxito si ha sido prisionero político, ha sido forzado a trabajar contra su voluntad, ha sufrido persecución por su religión, o ha sufrido otra especie de maltrato inhumano.

Si le aprueban su solicitud, les darán asilo a su cónyuge y hijos solteros menores de veintiún años también. Otros familiares cercanos que viven con Ud. podrán solicitar libertad condicional humanitaria (humanitarian parole, en inglés), que les permitirá ingresar a los Estados Unidos con Ud. y convertirse en residentes legales un año después. Para más información sobre este programa especial, llame al S.I.N. al número gratis 1-800-755-0777.

La nueva ley de inmigración provee que los cubanos que llegan a un puerto de entrada aereo sin los documentos necesarios, a diferencia de aquellos que llegan por medio de botes o lanchas o que son interceptados en el mar, y a diferencias de ciudadanos de cualquier otro país en el mundo, no serán sometidos al procedimiento de deportación inmediata. Quizás sean puestos en detención por el S.I.N. en lo que aguardan una audiencia con un juez de inmigración, pero no enfrentarán un proceso que podría finalizar con su deportación inmediata.

2. *Soy estudiante y tengo el estado F-1. Después que dejé mi país, surgió un golpe de estado y ahora existe una dictadura militar allá. ¿Es suficiente para solicitar asilo?*

Sí. Aunque no se puede pronosticar que le concederán asilo, tendrá amplia justificación para pedirlo.

Regímenes militares tienden a sospechar a los estudiantes, ya que estos, más que otros grupos de la población, suelen hacer frente a las dictaduras. Cuando se organizan y protestan en contra de dictaduras, les detienen, les interrogan, y algunas veces hasta les torturan y les matan.

Para evaluar los méritos de su caso, su abogado necesitará estar al tanto de su historial, sus creencias, el golpe militar y el período posterior. ¿Están persiguiendo los militares a los estudiantes? Bueno, por ahora sí vale la pena pensarlo.

3. *¿Puedo solicitar asilo a pesar de que tengo estado de estudiante?*

Sí. La ley permite a personas que están en los Estados Unidos solicitar asilo sin tomar en cuenta su estado. Esto significa que puede tener estado de estudiante vigente, estado caducado, o puede haber violado su estado, por ejemplo si trabajó más de veinte horas a la semana o no asistió a clases a tiempo completo.

Esta norma hasta le permite solicitar asilo al que nunca tuvo estado válido: por ejemplo, alguien que cruzó la frontera por México o el Canadá sin ser inspeccionado por un agente de inmigración.

4. *¿Si pido asilo, se anula mi estado de estudiante F-1?*

No. Siempre y cuando siga estudiando a tiempo completo y no viole la normas en relación al empleo de estudiantes, su estado F-1 tendrá validez.

5. *En caso de una denegación de mi solicitud de asilo, ¿me cancelarán mi estado de estudiante?*

No. Su solicitud no tiene nada que ver con su estado. Siempre y cuando mantenga su estado de estudiante vigente, dicho estado continuará. La denegación de su solicitud de asilo no resulta en la cancelación de su estado de estudiante.

6. *¿Qué es lo que debo demostrar para que me concedan asilo?*
Debe demostrar que Ud. es un refugiado.

7. *¿Cuál es la definición de un refugiado?*
Alguien que está fuera de su país sin poder regresar, porque ha sido perseguido
o porque tiene un miedo fundado de ser perseguido en el futuro.

8. *¿Qué es el significado del término «ser perseguido»?*
El hecho de ser acosado, que emprendan una búsqueda para localizarlo, como
si fuera una cacería. El gobierno, que le quiere perjudicar, figura como el cazador,
y Ud. la víctima.
He aquí un ejemplo: Ud. está al frente de una manifestación pacífica en contra
del dictador de su país. El gobierno denuncia la manifestación, alegando que es
maniobra de un poder ajeno, y ordena a los militares que detengan y asesinen a
un compañero lider estudiante.
Con razón, Ud. ahora teme ser la próxima víctima. Esto constituye un fundado
miedo de ser perseguido.

9. *Bajo la ley, ¿a raíz de qué debe ser uno perseguido?*
La ley reconoce cinco razones. En el ejemplo de arriba, porque encabezó una
manifestación contra la política del gobierno, le persiguen por su opinión política.
Las cinco razones son: la raza, la religión, la nacionalidad, la opinión política,
o el hecho de pertenecer a cierto grupo social.

10. *¿Tiene que ser el gobierno quien le persigue?*
No. Sin embargo, si no se trata del gobierno, tiene que demostrar que el
gobierno permite la persecución, o que finge «no tener conocimiento.» Si el
perseguidor no es el gobierno, debe ser un individuo o grupo que el gobierno no
puede, o no quiere, controlar. Pero recuerde: la razón por la cual le persiguen debe
ser una de las cinco que reconoce la ley.

11. *¿Y si existe un «escuadrón de la muerte» que anda matando a los que se oponen
al gobierno, y las autoridades insisten en que desconocen esta información?*
Si el gobierno y el «escuadrón de la muerte» están buscando a los mismos
adversarios, hay razón por que temer que el «escuadrón» está operando bajo
órdenes del gobierno y que mienten cuando declaran que desconocen estas
actividades.
Este es un buen ejemplo de un grupo que el gobierno no puede, o no quiere,
controlar. Este grupo actúa como un agente del gobierno, y la persecución a manos
del «escuadrón de la muerte» viene a ser lo mismo que la persecución a manos
del gobierno.

12. *¿Y si mi vecino me ha amenazado de muerte si regreso a mi país?*

Esto no constituye persecución. Aunque es una disputa personal violenta, no es razón suficiente para solicitar asilo.

13. *¿Y si él es un miembro principal del ayuntamiento de mi ciudad?*

Todavía se manifiesta más como una disputa personal que persecución. Fuera diferente si el ayuntamiento, como entidad jurídica, le acosará a Ud. por su opinión política (o por una de las otras cuatro razones).

Sin embargo, existe otro problema. La ley indica que la persecución debe extenderse por todo el país, no en un solo lugar. De tal manera que ser acosado por el ayuntamiento tal vez no sea suficiente. Aunque haya vivido en esta ciudad toda su vida, el funcionario encargado de solicitudes de asilo, o el juez de inmigración, quizás pensará que Ud. sencillamente podrá mudarse a otra ciudad.

14. *Soy escritora. He criticado las leyes y costumbres de mi país que nos prohíben a las mujeres obtener la enseñanza superior y practicar una profesión. ¿Tengo por que temer la persecución?*

Quizás. Su abogado tendrá que, mediante un gran esfuerzo, averiguar a fondo como ha tratado el gobierno a mujeres como Ud., que han hablado francamente sobre estos temas.

El hecho de que un miembro de la prensa ha criticado sus obras y denuncia su opinión no manifiesta un peligro grave (a lo menos que la publicación sea el periódico oficial del gobierno). Sin embargo, si un miembro del gobierno le denucia a Ud. de ser «feminista» y alguien que presenta una «amenaza a nuestro modo de vida,» tiene razón por que temer, y su solicitud de asilo se manifiesta con más urgencia. En dado caso, se trata de vida o muerte.

15. *No estuve envuelta en la política de mi país. Sin embargo, mi esposo me abusó allá por años. Mi hijo y yo llegamos a los Estados Unidos con visas de turistas. Nos quedamos más tiempo de lo permitido, y el S.I.N. emprendió procedimientos de deportación contra nosotros. ¿Tenemos posibilidades de que nos den asilo?*

Un año atrás, le hubiera contestado que no. El S.I.N. le hubiera comunicado que a esta se le considera una disputa personal, es decir que no se trata de persecución a manos del gobierno o un agente del gobierno a raíz de las razones reconocidas por la ley (la raza, la religión, la nacionalidad, la opinión política, o el hecho de ser miembro de cierto grupo social). El juez de inmigración hubiese estado de acuerdo, y le hubiera rechazado su solicitud.

A la fecha de imprenta, la respuesta es «quizás.» La pregunta clave es: ¿Qué hizo el gobierno al respecto? Si suplicó al gobierno que interceda, y el gobierno no hizo nada, tal vez podrá convencer a un juez que su solicitud tiene mérito. Si el gobierno le apoyó a su esposo, por ejemplo expidiendo un decreto prohibiéndole su salida del país, su caso será aun más contundente.

16. *Si el juez me concede la solicitud de asilo, ¿en cuál de las cinco razones se fijará?*

Analicemos un caso reciente, en el cual la solicitante declaró que prefería los valores del oeste en cuanto al lugar que ocupa la mujer dentro del matrimonio en su país. El juez decidió el caso basándose en la opinión política y el hecho de pertenecer a un grupo social particular. Según la decisión, la opinión política estaba vinculada al hecho de que la solicitante está de acuerdo con los valores del oeste. El grupo social, según la decisión, está compuesto de cierto grupo de mujeres «que están a favor de los valores del oeste, y que están poco dispuestas a vivir bajo el dominio de sus cónyuges, su sociedad, y su gobierno.»

Esta decisión refleja un nuevo y grato avance en la ley.

17. *¿Ha tomado en cuenta estos nuevos avances el S.I.N.?*

Sí. La tendencia a caracterizar cualquier especie de abuso contra la mujer, no como persecución sino como asunto privado o delito común, ya no tiene apoyo.

Las nuevas normas del S.I.N. aclaran a los funcionarios del S.I.N. los varios abusos contra la mujer que pueden dar raíz a una meritoria solicitud de asilo. La validez de una solicitud todavía se tiene que asesorar caso a caso. Pero, ahora sí se le prestará más atención a la variedad alarmante de maltrato que existe contra la mujer, como la violación, el abuso sexual, la violencia doméstica, el infanticidio, y la mutilación de las partes genitales.

18. *Escapé de mi país cruzando la frontera porque soy homosexual. Mi país ha emprendido un plan de intimidación contra personas como yo, y algunos individuos han sido interrogados y detenidos. ¿Tengo posibilidades de que me concedan asilo?*

Sí. Mediante un avance en la ley, podrá tener éxito si plantea una solicitud contundente, es decir por medio de su testimonio y, si es posible, documentación pertinente.

La ironía de la ley es que las posibilidades que le concedan asilo aumentan de acuerdo a la gravedad del maltrato que ha sufrido en su país. En un caso que se le concedió asilo a un hombre, los detalles fueron horribles. Fue acosado por la policía por ser homosexual. Le habían amenazado, robado, y, en una ocasión, un policía lo violó.

19. *Si algo semejante me pasa a mi, ¿cómo convenzo al S.I.N. o un juez que en realidad me sucedió esto?*

Su propio testimonio, si es detallado y creíble, será suficiente para convencer al S.I.N. o un juez que merece asilo. No se espera que Ud. tenga documentos expedidos por su gobierno en los cuales consta que le han maltratado a raíz de su preferencia sexual: no es algo que un gobierno tiránico suele reconocer.

20. *¿Mi solicitud de asilo se basa en qué razón?*

Las cinco reconocidas razones son: la raza, la religión, la nacionalidad, la opinión política, y el hecho de ser miembro de cierto grupo social. La persecución por ser homosexual está vinculada al hecho de ser miembro de cierto grupo social.

21. *No tengo a mi disposición evidencia sobre el maltrato a manos del gobierno. ¿Existen otras fuentes de información que me pueden asistir?*

Sí. El S.I.N. o el juez de inmigración querrán saber sobre su país, y específicamente si el maltrato de los homosexuales es sabido por expertos en el asunto y si se lo reconoce al mismo como una seria violación de los derechos humanos. Su abogado le ayudará a obtener la información para que Ud. la presente a el funcionario encargado de solicitudes de asilo o el juez de inmigración.

El Departamento de Estado publica, cada Febrero, algo llamado Informe sobre los Derechos Humanos. La organización Amnesty International publica un estudio anual sobre los derechos humanos. El Comité de Abogados pro los Derechos Humanos publica un resumen crítico anualmente sobre el informe del Departamento de Estado y, de vez en cuando, se refiere a las condiciones de ciertos países.

El funcionario o el juez de inmigración prestan atención a estas fuentes de información, no solamente al informe del Departamento de Estado. Estas sugerencias son útiles con relación a los otros casos que alegan la persecución.

22. *¿Tendré que mandar al S.I.N. o al juez fotocopias de páginas pertinentes a mi caso de estos informes?*

Sí. Tendrá que presentarlas Ud. Si no las presenta, el S.I.N. o el juez podrá concluir que no existe información que corrobore a su testimonio. En dado caso, será más difícil convencerlos que merece asilo.

23. *¿Cómo presento mi solicitud de asilo?*

Debe presentar la planilla I-589, Petición de Asilo (Request for Asylum, en inglés) al S.I.N. Debe usar la planilla con la fecha 16 de noviembre, de 1994 en la parte inferior de la primera página. El S.I.N. no aceptará las versiones antiguas de esta planilla. Debe también mandar la planilla G-325A de Información Biográfica, dos muestras de la planilla FD-258 (huellas digitales), y dos fotografías idénticas. No se necesita dinero para solicitar asilo, aunque la nueva ley de inmigración permite al S.I.N. imponer tarifas en un futuro.

24. *¿Quién se encarga de mi solicitud, un funcionario del S.I.N., o un juez de inmigración?*

Depende. Si tiene la visa de estudiante F-1 (u otra visa de corto plazo) y el Servicio todavía no le ha sujetado a procedimientos de deportación, debe presentar la solicitud afirmativamente, es decir por su propia voluntad, al S.I.N. Las instrucciones de la planilla le indicarán donde mandar los papeles (cuatro fotocopias de la solicitud).

Si el S.I.N. le detiene en el puerto de entrada por un problema con su pasaporte/

visa, emprenderá procedimientos de exclusión contra Ud. Tendrá que comparecer ante un juez de inmigración y presentar su solicitud de asilo defensivamente. El juez, no el S.I.N., decidirá su caso.

Si cruzó la frontera por México o el Canadá, y el S.I.N. le detuvo, le pondrá bajo procedimientos de deportación. Tendrá que presentar su solicitud defensivamente, y la misma será decidida por un juez.

25. *¿Cómo obtengo el permiso de trabajo?*

Debe presentar la planilla I-765, la Solicitud de Permiso de Trabajo (Application for Employment Authorization, en inglés). No le cuesta dinero presentar esta solicitud. Simplemente escriba (c)(8) en el espacio número 16, aunque la nueva ley de inmigración permite al S.I.N. imponer una tarifa. Para obtener el permiso, su petición debe estar pendiente y no ser frívola.

26. *¿Qué significa no ser frívola?*

Significa que la solicitud debe ser genuina. No es que la solicitud tiene que resultar en que le concedan asilo, sino que no debe ser basada en algo ficticio o sin sentido. Si declara que teme la persecución porque riñó con su vecino y el le amenazó de muerte, esa solicitud es frívola: una amenaza de un vecino no constituye persecución. No se le concederá asilo, ni quizás el permiso de trabajo.

Si verdaderamente declara que un oficial del gobierno le ha amenazado porque Ud. se opone a la política del presidente, tal vez su solicitud es meritoria. Por lo menos, su solicitud no se manifiesta como frívola, y le concederán el permiso de trabajo.

27. *¿Qué significa estar pendiente?*

Su caso está pendiente si no le han rechazado, de manera definitiva, su solicitud.

Si pierde su caso ante el funcionario en cargo de solicitudes de asilo, y el S.I.N. emprende procedimientos de deportación contra Ud., su caso todavía está pendiente.

Si pierde ante el juez de inmigración, y apela la decisión, su caso todavía está pendiente.

Si pierde ante la Junta de Apelaciones de Asuntos de Inmigración (Board of Immigration Appeals, en inglés), y Ud. apela dicha decisión a la corte federal, su caso todavía está pendiente.

Durante todo este tiempo, Ud. podrá renovar y mantener su permiso de trabajo.

28. *¿Cuándo obtendré el permiso de trabajo?*

Es más difícil que antes de Diciembre de 1994. Las nuevas normas del S.I.N. permiten presentar la planilla I-765, la Solicitud de Permiso de Trabajo, solamente después que pasen 150 días desde la fecha que presentó la planilla I-589, la Petición de Asilo. Después de presentar la planilla I-765, el S.I.N. decidirá su solicitud de permiso de trabajo dentro de treinta días.

A fin de cuentas, aunque su caso sea fuerte, tendrá que esperar 180 días antes de poder trabajar legalmente en los Estados Unidos.

29. *¿Cómo pido el documento de permiso de trabajo?*
Debe mandar la planilla 1-765 al Centro del S.I.N. que figura en las instrucciones, conjunto con una fotocopia de su petición de asilo, y comprobante que la misma se presentó al S.I.N. o un juez de inmigración.

30. *¿En qué plazo de tiempo deciden mi solicitud?*
Obtendrá una decisión dentro de treinta días después de presentar la petición. Le enviarán, o en ciertos casos podrá recoger, el permiso de trabajo, que tendrá validez por un año. Cuando quiera renovar su permiso de trabajo, el S.I.N. tendrá hasta 90 días para decidir su solicitud.

31. *Soy ciudadano de la República Popular de la China. Mi esposa está allá. Escapé a los Estados Unidos porque, en contra de nuestra voluntad, el gobierno nos prohíbe tener más de un hijo. ¿Tengo un caso fuerte?*
No se. Su abogado tendrá que enfatizar lo particular de su situación. No es sorprendente que los Estados Unidos está poco dispuesto a conceder asilo a un gran número de personas que se openen a la ley que limita la cantidad de niños por familia. Quizás también nuestro país está poco dispuesto a ofender al gobierno de la China si se concediera muchas peticiones de asilo, porque este hecho insinuará que la ley en China viola los derechos humanos.

¿Pertenece Ud. a una organización o iglesia que se opone a la ley? ¿Ha tomado el gobierno medidas contra esta organización o iglesia a raíz de dicha oposición? ¿Le ha señalado a Ud. o su esposa un funcionario del gobierno sobre las consecuencias de no obedecer la ley?

Ciertas solicitudes de esta naturaleza han tenido éxito, aunque muchas han sido rechazadas. Todo depende de los detalles de su situación.

La nueva ley de inmigración tiene buenas noticias para los ciudadanos de la China que han hecho caso omiso de la política nacional de limitación de nacimientos. Si pueden demostrar que fueron maltratados como resultado de su oposición, serán elegibles para que se les conceda el asilo como miembros de un grupo social particular. Esta ayuda tiene limitaciones estrictas: únicamente se procesarán cuatro mil conseciones de este tipo anualmente, lo cual significa que estas concesiones se harán bajo la condición de disponibilidad de un número para el solicitante.

32. *Mi padre, que está en mi país, se está muriendo. ¿Puedo obtener permiso para visitarlo por última vez?*
Lamentablemente no.
Existe un proceso por medio del cual puede viajar después de presentar la planilla 1-131, la Solicitud para un Documento de Viaje (Application for Travel

Document, en inglés), en casos de emergencias. Pero si su padre está en el país donde Ud. teme la persecución, su regreso allá anulará ese documento y el S.I.N. determinará que ha abandonado su petición de asilo.

33. *¿Por cuánto tiempo vale el permiso de trabajo?*

Es válido por un año. Al fin de ese plazo, si es que su solicitud todavía está pendiente, podrá presentar la planilla 1-765 de nuevo para prolongar el permiso por otro año.

34. *¿Tendré que pagar algo?*

Sí. Para renovar su permiso, tendrá que mandar $70, pagable a «Immigration and Naturalization Service.»

35. *¿Qué pasa si presento mi solicitud afirmativamente al S.I.N., pero el funcionario en cargo de solicitudes de asilo la rechaza?*

Tendrá otra oportunidad de solicitar asilo. El S.I.N. emprenderá procedimientos de deportación contra Ud., y podrá renovar su solicitud ante el juez de inmigración.

36. *Si el juez de inmigración rechaza mi solicitud de asilo, ¿me expulsarán inmediatamente?*

No, en caso de que apele la decisión a tiempo.

37. *¿Desde qué punto podré apelar?*

En cuanto el juez lea la decisión y la orden en la corte, le preguntará a Ud. o su abogado si acepta la orden como una orden final. Si responde que sí, le podrán detener y deportar inmediatamente. Ud., o su abogado, debe contestar que no, y declarar que desea apelar la decisión. El juez le dará una planilla (en triplicado) titulada E.O.I.R. 26, Apelación a la Junta de Apelaciones de Asuntos de Inmigración, y le informará el plazo de tiempo que tendrá para presentar su apelación (treinta días después de la fecha de la decisión y orden).

38. *¿Dónde presento la apelación?*

Si no está detenido, tendrá que presentar su apelación en la oficina más cercana a la corte donde compareció a su audiencia. Si está preso, tendrá que presentar la apelación a la oficina más cercana a la corte donde compareció a su audiencia, que usualmente queda cerca del lugar donde le detienen. No presente su solicitud a la oficina que utilizan personas que no están detenidas: tal vez llegará demasiado tarde y le expulsarán. ¡Tenga cautela! Esto pasa aun con la asistencia de un abogado.

39. *¿Cuánto hay que pagar para presentar la apelación?*

Hay que pagar $110. Su abogado sabrá donde entregar el dinero y recibir un recibo para luego poder presentar la apelación. Antes que le acepten su apelación,

Ud. o su abogado tendrá que declarar por escrito en la planilla que una fotocopia de la misma ha sido entregada al S.I.N.

40. *¿Y si no tengo dinero?*

Puede presentar una moción, conocida como moción de pobre (*moción en forma pauperis*), al juez que decidió su caso. En dicha moción tendrá que declarar que no tiene medios y, por lo tanto, no puede pagar. La moción se concede en particular cuando la persona está presa y es obvio que no puede trabajar. Tendrá aun más posibilidades si el abogado del gobierno no se opone a este pedido.

41. *¿Qué escribo en la planilla de apelación?*

Aquí también sería mejor contar con la ayuda de un buen abogado. Su abogado subrayaría mejor los puntos claves para que la Junta de Apelaciones de Asuntos de Inmigración decida revocar el decreto de deportación del juez. Ud. tiene que señalar específicamente los errores que cometió el juez. Si no declara estos detalles, su apelación puede ser rechazada por procedimiento sumario, es decir sin que la Junta tome en cuenta que su caso es meritorio.

42. *¿Mi abogado tendrá que preparar un resumen dentro de diez días?*

No. Su abogado hará constar que el resumen (el argumento legal de parte suya) será presentado después, cuando esté listo el registro literal de su audiencia ante el juez.

43. *¿Cuánto tiempo demora la preparación del registro literal?*

Si está detenido, será cuestión de semanas, porque le conviene al gobierno ahorrar el tiempo. Si está bajo libertad, lo prepararán después de varios meses, o posiblemente hasta un año. Durante este tiempo, su caso está pendiente y podrá renovar su permiso de trabajo.

44. *Mi cónyuge y mis hijos están en mi país de origen. Si me conceden asilo, ¿les darán ese estado a ellos también?*

No a la misma vez. Sin embargo, su cónyuge y hijos podrán presentar la planillla I-730, Petición de Pariente de un Refugiado/Asilado (Refugee/Asylee Relative Petition, en inglés) al S.I.N. Si les aprueban dicha petición, ellos podrán «seguir a reunirse» («follow to join,» en inglés) con Ud. Esta petición es muy útil, porque les permite a su cónyuge y hijos menores de veintiún años ingresar a los Estados Unidos antes que Ud. obtenga la residencia permanente.

45. *Si me conceden asilo, ¿me entregan la tarjeta verde en ese momento?*

No. Ud. ahora es un asilado. Después de un año, podrá presentar la planilla I-485, la Solicitud de Ajuste de Estado, conjunto con la documentación necesaria. Siendo un asilado, no tiene que pagar para presentar la solicitud. Si ha llegado su cónyuge, podrá también presentar una solicitud para ajustarse el estado (vea capítulo 8 para detalles sobre el ajuste de estado).

46. *¿Existe algo que podrá impedir que me concedan asilo?*

Sí. Si después de escapar de su país se estableció como residente en otro país antes de llegar a los Estados Unidos, no le concederán asilo. Tampoco si ha cometido ciertos delitos graves en su país, o una felonía bajo circunstancias agravantes (como el robo, el asesinato, el narcotráfico) en los Estados Unidos, no obstante la naturaleza de la persecución que le espera en su país.

47. *¿Tendré que demostrar que es poco probable que me convierta en una carga pública?*

No. Espero que esté trabajando. Sin embargo, tome en cuenta que la norma sobre la probabilidad de que se convierta en una carga pública no es relevante cuando se trata de un asilado: no le impedirá ajustar el estado.

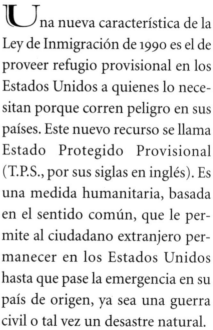

Estado Protegido Provisional

Una nueva característica de la Ley de Inmigración de 1990 es el de proveer refugio provisional en los Estados Unidos a quienes lo necesitan porque corren peligro en sus países. Este nuevo recurso se llama Estado Protegido Provisional (T.P.S., por sus siglas en inglés). Es una medida humanitaria, basada en el sentido común, que le permite al ciudadano extranjero permanecer en los Estados Unidos hasta que pase la emergencia en su país de origen, ya sea una guerra civil o tal vez un desastre natural.

Es solamente una medida provisional. Aunque una persona puede prolongar dicho estado hasta por varios años, en si este recurso no conduce al estado de residente legal.

1. *Vine a los Estados Unidos con el estado de estudiante. Hubo un golpe de estado en mi país y ahora está bajo el dominio de una dictadura militar. ¿Es esto suficiente para que me concedan el Estado Protegido Provisional?*

No. Debe ocurrir algo más terrible o espantoso. Un buen ejemplo de condiciones que son propicias para pedir amparo bajo esta nueva cláusula de la ley manifiesta el genocidio que ocurrió en el país africano de Ruanda en 1994, que resultó en la muerte de medio millón de personas en unos cuantos meses. Esta es la especie de desastre que conducirá al Estado Protegido Provisional.

Es raro que a un país le señalen para este tipo de protección. ¿Se acuerdan de la situación en Haití después que un golpe de estado en 1991 logró desalojar al Presidente? La junta militar que gobernó el país tras el golpe cometió muchos abusos contra los derechos humanos, inclusive el asesinato de adversarios políticos, y estos abusos perduraron por varios años. A pesar de esto, a los haitianos que estaban en los Estados Unidos no se les concedió el Estado Protegido Provisional.

2. *¿Quién decide a cuál país se debe nombrar para la protección del Estado Protegido Provisional?*

La Fiscal General decide, luego de tomar en consideración varios factores descritos en la ley.

3. *¿Qué factores conducen a la denominación de cierto país para la protección del Estado Protegido Provisional?*

La ley le obliga a la Fiscal General fijarse en las siguientes condiciones:

* un conflicto armado que representa un peligro grave a personas que fueran forzadas a regresar;
* un terremoto, una inundación, una sequía, una epidemia u otro desastre medioambiental que ha causado un impacto tan sustancial en las condiciones de vida que el gobierno no pudiera mantener la calma si volvieran sus ciudadanos allá;
* la existencia de una condición excepcional y temporal que impide a que personas regresen a sus patrias sin correr peligro, salvo que la Fiscal General determine que dicha estadía aquí perjudicará el bienestar nacional.

4. *¿Cuál de estos factores contribuyó a la denominación de Ruanda?*

Los dos primeros factores no fueron suficientes para el caso de Ruanda: a la fecha que se nombró a Ruanda, el conflicto armado ya había terminado y la epidemia estaba bajo control. El tercer factor sí era pertinente, porque existía una condición excepcional y provisional que representaba un peligro para los que regesarían allá.

Es interesante que el genocidio, en si, no figura como un factor suficiente bajo la ley. En el sentido estricto de la palabra, la Fiscal General no está obligada a fijarse en algo así. Sin embargo, porque ese crimen va en contra todo concepto de la humanidad de manera tan espantosa, confiemos que la Fiscal General siempre lo tome en consideración y nunca decida expulsar a personas a países donde se practica el genocidio.

5. *¿Cómo se sabe si la Fiscal General ha nombrado a un país?*
Por medio de la publicación del gobierno llamada *Federal Register.*

6. *¿Por cuánto tiempo dura esta denominación?*
El plazo inicial puede ser de seis a dieciocho meses.

7. *¿Se puede prolongar el plazo?*
Sí, siempre y cuando la emergencia continúe. Si la emergencia se termina, se suspenderá la denominación.

8. *¿Existe un ejemplo de una denominación que fue suspendida?*
Sí. A los ciudadanos de Kuwait se les nombró, luego que el Irak invadiera a dicho país años atrás. En cuanto el ejercito iraqui fué expulsado en la guerra del golfo pérsico, y la situación se había estabilizado, la denominación fue suspendida. Los ciudadanos de Kuwait ya no corrían peligro si regresaban.

9. *No soy ciudadano de un país que fue nombrado. Sin embargo, mi familia y yo hemos vivido allá por años. ¿Tengo derecho a pedir amparo por medio del Estado Protegido Provisional?*
Sí, siempre y cuando Ud. no tenga ninguna ciudadanía y pueda comprobar que estaba viviendo en el país que ha sido nombrado.

10. *¿Cómo solicito el Estado Protegido Provisional?*
Debe presentar lo siguiente al S.I.N.:
- La planilla 1-765, la Solicitud de Permiso de Trabajo. Aunque no desee el permiso de trabajo, debe presentar esta solicitud; si desea el permiso de trabajo, debe también mandar un cheque o giro postal por $70;
- La planilla 1-821, el Cuestionario de Elegibilidad para el Estado Protegido Provisional (T.P.S. Eligibility Questionnaire, en inglés);
- Dos muestras de la planilla FD-258, las huellas digitales;
- Dos fotografías (mirando hacia la izquierda, con la oreja derecha expuesta);
- Comprobante de su identidad, su ciudadanía, y de su residencia en los Estados Unidos durante el tiempo indicado (vea la próxima pregunta).

11. *¿Por cuánto tiempo debo haber residido aquí?*
Inicialmente, no existe un plazo de tiempo: es posible que Ud. llegue con estado de visitante o estudiante y luego la Fiscal General decida nombrar a su país.
Sin embargo, si la Fiscal General otorga una extensión, tendrá que comprobar que Ud. ha estado física y continuamente presente en los Estados Unidos desde la fecha de la denominación inicial. Esto significa que si ha viajado fuera de los

Estados Unidos, tendrá que comprobar que dicha salida ha sido breve, casual, y que no ha interrumpido su presencia aquí de manera significativa.

12. *¿Cuánto hay que pagar para presentar esta solicitud?*
La ley impone un máximo de $50. A diferencia de otras clases de solicitudes, que van aumentando, esta tiene límite.

13. *Si presento mi solicitud para el Estado Protegido Provisional, ¿me darán el permiso de trabajo?*
Si presentó la planilla 1-765, la Solicitud de Permiso de Trabajo, y pagó los $70 al S.I.N., le darán el permiso de trabajo cuando le aprueben su solicitud para el Estado Protegido Provisional.
Tome en cuenta que debe presentar la planilla 1-765 a la oficina local del S.I.N., conjunto con la planilla 1-821, la Solicitud para el Estado Protegido Provisional. Le mandarán el permiso de trabajo por correo o le avisarán si podrá recogerlo personalmente.

14. *¿Por cuánto tiempo dura el permiso de trabajo?*
Hasta que se suspenda la denominación, siempre y cuando presente sus papeles a tiempo y pague la cifra indicada.

15. *¿Repercute en mi estado de no-inmigrante el hecho de solicitar amparo bajo esta cláusula?*
No. Todavía tiene validez. Esta característica es muy útil para los que tendrán derecho a solicitar ajuste de estado mediante un matrimonio con un residente legal, si es que deben demostrar que han tenido estado de no-inmigrante válido sin interrupción, que antes era necesario y quizás lo será otra vez (vea el capítulo 8 para más detalles sobre las normas con respecto al ajuste de estado y lo que quizás ocurrirá después del 1 de Octubre de 1997).

16. *Soy bosnio. Bosnia perteneció a la antigua República de Yugoslavia. Existía una guerra civil allá. ¿Dispongo de la protección del Estado Protegido Provisional?*
Sí. El 10 de agosto, de 1992 la Fiscal General nombró a los ciudadanos de Bosnia-Hercegovina para que dispongan con la protección de dicho estado por un año. El plazo de tiempo ha sido prolongado cada año, y el estado estará vigente hasta el 10 de agosto, de 1996.

17. *¿Cómo demuestro que soy ciudadano de Bosnia?*
Su pasaporte yugoslavo contiene la información de donde nació, que será suficiente.

18. *Mi cónyuge, que es residente legal de los Estados Unidos, me había patrocinado más de dos años atrás. ¿Tendré que regresar a mi país para que me otorguen la visa?*

No. Una nueva cláusula de la ley, que estará vigente desde el 30 de septiembre, de 1994 al 30 de septiembre, de 1997, le permite quedarse en los Estados Unidos y presentar su solicitud de ajuste de estado a residente legal aquí.

19. *¿Qué países cuentan con esta protección actualmente?*

A la fecha de imprenta, hay cinco países cuyos ciudadanos son protegidos por el E. P. P. (siempre que hayan presentado sus solicitudes cuando sus países fueron orginalmente designados): Liberia, hasta el 28 de marzo, de 1998; Rwanda, hasta el 6 de diciembre, de 1997, fecha en la que la designación terminará; Bosnia-Herzegovina, hasta el 10 de agosto, de 1998; Somalia, hasta el 17 de septiembre, de 1998; Montserrat, registración y designación hasta el 27 de agosto, de 1998. Liberia fue re-designado el 7 de abril, de 1997, lo cual significa que muchos ciudadanos de Liberia que recientemente habían llegado a los Estados Unidos pudieron presentar sus solicitudes hasta el 7 de octubre, de 1997. Montserrat, la pequeña isla en el Caribe que ha sido devastada por la erupción de un volcán, ha solicitado la designación del Fiscal General y es el primer ejemplo de una designación a raíz de un desastre natural. Recuerden: aquellas personas protegidas por el E.P.P. deben registrarse en intervalos anuales.

20. *Soy salvadoreño. Tengo entendido que el Estado Protegido Provisional ya no está vigente con respecto a mi país. Sin embargo, todavía temo regresar allá. ¿Dispongo de otra especie de protección?*

Toquemos este tema más a fondo.

Porque ciertos miembros del Congreso estadounidense se dieron cuenta que el S.I.N. había tratado a los salvadoreños de manera injusta en la década de los ochenta, la Ley de Inmigración de 1990 les nombró a ellos específicamente para que puedan obtener el Estado Protegido Provisional.

Cuando dicho estado se terminó, otro, llamado Salida Coercitiva Aplazada (Deferred Enforced Departure, o D.E.D., en inglés) protegió a salvadoreños que habían llegado aquí a partir de cierta fecha, y les permitió trabajar también.

Este programa no solamente benefició a estos salvadoreños, sino también a El Salvador y su economía, porque el bienestar de esta depende, en gran parte, en el dinero que se envía desde acá

El programa Salida Coercitiva Aplazada se terminó el 31 de diciembre, de 1994, luego que el gobierno estadounidense determinara que las condiciones en El Salvador habían mejorado de manera significativa.

21. *Estuve bajo la protección del programa Salida Coercitiva Aplazada. ¿Qué me espera?*

El S.I.N. prolongó su permiso de trabajo, que estaba previsto a caducarse el 31 de diciembre, de 1994, hasta el 31 de diciembre, de 1995. Para obtener los beneficios del programa A.B.C. (el caso de American Baptist Churches) era necesario presentar su solicitud de asilo antes del 31 de enero, de 1996.

El S.I.N. no piensa decidir esos casos ligeramente. Pasarán unos años antes que tenga que enfrentar la posible deportación hacia El Salvador, y eso en caso de que su solicitud de asilo no tenga éxito.

23. *Aparte de una solicitud de asilo, ¿hay algo más que puedo intentar?*

Quizás. A la fecha que el S.I.N. rechace su solicitud de asilo y Ud. comparezca ante un juez de inmigración, tal vez ya haya vivido aquí por lo menos siete años sin interrupción. Supongamos que cruzó la frontera sin ser inspeccionado por un agente de inmigración: entró ilegalmente, pero por lo menos entró (término legal).

Si entró siquiera siete años atrás, es una persona de buen carácter moral, no tiene antecedente policiaco, y su deportación le causará privaciones excepcionales, podrá pedir, ante el juez de inmigración, el recurso conocido como suspensión de deportación. Si el juez le concede su pedido, le otorgará su residencia legal y la tarjeta verde.

Aviso: A la fecha de imprenta, un proyecto de ley draconiano en el Congreso piensa prohibir la residencia legal a todo extranjero que entró ilegalmente.

La Lotería de Visas

A la fecha que se adoptó la Ley de Inmigración de 1990, el Congreso estadounidense entendía que extranjeros de ciertos países no habían recibido una cantidad adecuada de visas de inmigrante.

Con el fin de asegurar que estos países tengan mayor representación dentro de la población estadounidense, el Congreso creó una lotería de visas. A esta característica de la ley se le conoce como el programa de visas para la diversidad (DV-1) o la lotería de visas Schumer, tomando así el nombre del congresista de la Cámara de Representantes que patrocinó esta ley.

1. *¿Por cuántos años más se podrá participar en la lotería?*

El programa permanente comenzó en 1994, después que se terminaron las llamadas loterías provisionales, y continuará indefinidamente, a lo menos que el Congreso decida terminarlo.

Aviso: La Cámara de Representantes y el Senado están discutiendo propuestas que eliminarían la lotería de visas enteramente, o reducirán, de 55,000 a 27,000, el número de visas disponibles cada año.

2. *¿Qué países no pueden participar en la lotería Schumer?*

Los países que no pueden participar actualmente son: el Canadá, la República Dominicana, El Salvador, la India, Jamaica, Corea, México, la República Popular de la China, las Filipinas, el Reino Unido (aunque los que provienen de Irlanda del Norte sí son elegibles), y Vietnam.

3. *¿Cuántas visas se expedirán anualmente?*

La cifra total es de 55,000 visas. Ningún país puede recibir más del 7% de esa cifra, es decir 3,850. Para el año fiscal 1999 (del 1o de octubre, de 1998 al 30 de septiembre, de 1999) el período de la lotería ha sido sorpresivamente adelantada: las solicitudes debieron ser presentadas del 24 de octubre al 24 de noviembre, de 1997.

4. *¿Habrá más posibilidades para ciertas partes del mundo?*

Sí. He aquí la distribución de visas en el año fiscal 1995: 20,200 a Africa; 6,837 a Asia; 24,549 a Europa; 8 a Norteamérica (las Bahamas); 2,589 a Suramérica, Centroamérica y el Caribe; y 817 a Oceanía.

5. *¿Cuándo podré participar en la lotería?*

El S.I.N. anunciará el plazo anualmente. Durará varias semanas, y el S.I.N. debe recibir su entrada dentro del plazo indicado (no antes, ni después). En 1996 el plazo duró desde las 12:01 de la mañana del 12 de febrero hasta la medianoche del 12 de marzo.

6. *¿Se necesita presentar una planilla del S.I.N. en particular?*

No. No hay planilla, ni tiene que pagar para participar. A partir del 1o de octubre, de 1997, el Departamento de Estado impondrá una tarifa de $75 a los ganadores de la lotería de visas que presenten solicitudes para una visa de inmigrante o para ajuste de estado. Esta nueva tarifa será añadida a las tarifas usuales para las solicitudes de visa de inmigrante o de ajuste. No habrá tarifa para los solicitantes de la lotería de visas, solamente para los ganadores que buscan obtener la residencia legal.

7. *Entonces, ¿cómo participo?*

Necesita sólo un papel y un sobre.

8. *¿Qué escribo en el papel?*

Escriba claramente, a mano o a máquina, la siguiente información en una página de 8Ω por 11 pulgadas:

- Su apellido (subrayado), su nombre y segundo nombre. Por ejemplo: Washington, George Joseph;
- Su fecha de nacimiento. Por ejemplo: 20 marzo 1966.
- Su lugar de nacimiento. Incluya la ciudad o pueblo natal, y el país;
- Si tiene cónyuge o hijos menores de veintiún años de edad, escriba sus nombres, fechas de nacimiento, y lugares de nacimiento;
- Su dirección actual;
- Su «país natal,» si es diferente a su país de nacimiento (vea pregunta 9).

Para combatir el fraude, se requiere ahora que el solicitante firme la página de entrada, y incluya una fotografía de 1Ω por 1Ω pulgadas, con su nombre escrito (no firmado) en la parte posterior.

9. *¿Cómo se distingue el «país natal» del «país de nacimiento»?*

Ud. conoce muy bien donde nació. El llamado «país natal» puede ser el país donde nació su cónyuge. Este detalle pudiera ser muy importante para Ud.

Supongamos que Ud. es ciudadano de las Filipinas, y por lo tanto no puede participar en la lotería. Su cónyuge nació en Francia, que sí es elegible a participar. Su participación se le podrá «descontar» a Francia, y por lo tanto debe hacer constar a Francia como su «país natal.»

Su cónyuge (si aun no tiene la residencia legal) también puede participar. Hará constar a Francia como su país de nacimiento y Ud. como su cónyuge.

Su nombre desde luego estará en dos entradas, y por lo tanto tendrá más posibilidades de ganar.

10. *¿Hay algo en particular que debo saber del sobre?*

Sí, mucho.

Tamaño: las instrucciones indican que el sobre debe medir entre 6 y 10 pulgadas de largo y entre 3Ω y 4Ω pulgadas de ancho. El sobre ordinario mide 9Ω por 4 pulgadas, y por lo tanto le aconsejamos usarlo.

Dirección donde mandar: debe mandar su entrada a DV-1 Program, National Visa Center, Portsmouth, NH, USA. El código postal cambia de acuerdo con la región del mundo pertinente: es decir, Asia es NH 00210; Suramérica es NH 00211; Europa es NH 00212; Africa es NH 00213; Oceanía es NH 00214; y Norteamérica es 00215. Tenga mucho cuidado con este detalle, porque pudiera costarle caro si manda su entrada al código equivocado.

Su dirección: en la parte superior del sobre, en la esquina izquiera, debe escribir su «país natal» (en el ejemplo de arriba, debe escribir Francia, no las Filipinas): debajo del país natal, debe escribir su nombre completo y dirección. Aviso: si no incluye esta información, se le descalificará a su entrada.

11. *¿Debería mandar mi entrada por correo urgente?*
No. Debe mandar su entrada por correo ordinario. Si la manda por otros medios, se le descalificará.

12. *¿Cuántas entradas puedo mandar?*
Sólo una. Si manda más, y se descubre, le descalificarán.

13. *¿Existen otros requisitos o impedimentos?*
Sí, dos más. Debe tener cierto nivel de educación, o poseer experiencia en un trabajo.

14. *¿Qué son los requisitos en cuánto a la educación, o la experiencia en un trabajo?*
Tendrá que demostrar que ha terminado el equivalente de la secundaria estadounidense, o que posee dos años de experiencia en un trabajo a tiempo completo. No necesita mandar pruebas de estos requisitos conjunto con su entrada, sino presentarlas después de ser notificado que ha ganado.

15. *¿Necesito demostrar también que poseía formación antes de trabajar por dos años?*
Sí. Debe demostrar que, para emprender dicho trabajo, era necesario obtener una formación de dos años también.

16. *De esta manera, ¿no se excluye a los trabajadores, salvo a los que son cualificados?*
Sí, esta limitación es amplia.
El requisito de formación por siquiera dos años descalificará a muchos, como por ejemplo a niñeras, los que trabajan en restaurantes, y mecánicos.
Estos trabajos requieren poca formación, o requieren formación práctica. Por lo tanto, estos trabajadores (si no han terminado la secundaria) no podrán obtener la visa por medio de la lotería.

17. *¿Qué permisos especiales no están disponibles en la lotería Schumer?*
Si está aquí con estado j-1 y gana en la lotería de visas, no podrá obtener un permiso especial de manera inmediata con relación al requisito de residenca de dos años en el exterior (vea capítulo 3, Preguntas 37-43, para más detalles con respecto al requisito de residencia en el exterior). Lo único que puede intentar es pedir el permiso especial, que es sumamente difícil de obtener, que existió antes de crearse la lotería de visas Schumer.
He aquí otro impedimento: el hecho de estar aquí quizás indica que Ud. previamente cometió lo que el S.I.N. considera fraude. Si vino de visitante, y se quedó más tiempo de lo permitido, el S. I. N. pudiera reclamar que Ud. mintió cuando le aseguró al funcionario del consulado estadounidense que solamente se quedaría un plazo breve. Si es que entró a los Estados Unidos por la frontera,

es aun peor porque Ud. violó deliberadamente las leyes de inmigración desde el principio.

18. *Entonces, ¿qué hago?*

Debe consultar con un buen abogado de inmigración. Tal vez sea necesario presentar la planilla 1-601, la Solicitud para un Permiso Especial (Application for Waiver of Grounds of Excludability, en inglés). A la fecha de su entrevista, quizás se sabrá si el S.I.N. adoptará un curso de acción flexible o estricto en torno a este tema.

19. *¿Tendré que regresar a mi país si gano?*

Aquí es donde existe un problema. Si Ud. está actualmente dentro de los Estados Unidos, y ha permanecido más tiempo de lo permitido por el S.I.N. («overstay,» en inglés), durante seis meses después del 1o de abril, de 1997 el regreso a su país de origen activará la prohibición de su reingreso por tres años. Si ha permanecido en el país por un año después del 1o de abril, de 1997, el regreso a su país de origen activará la prohibición de su reingreso por diez años. Este drástico cambio en la ley significa que algunos de los ganadores de la lotería de visas, premanecerán «en limbo»: sin poder ajustar su estado en los Estados Unidos debido a la terminación del ajuste 245(i), y sin poder regresar a su país de origen sin encontrarse con dificultades monstruosas para su re-admisión.

Como Ayudar a que su Cónyuge Obtenga la Tarjeta Verde

Este capítulo, y los que le siguen, les informará sobre como un residente legal o ciudadano estadounidense puede ayudar a que su cónyuge obtenga la residencia legal (la tarjeta verde). Aunque el matrimonio todavía representa una avenida fija a la residencia legal, este tema se ha vuelto más complejo en los últimos años. En primer lugar, existen penas severas para los que contraen un matrimonio fraudulento, es decir un matrimonio contraído con el propósito de eludir las leyes de inmigración. Hay que fijarse también en las complicaciones de patrocinar a un cónyuge que está bajo procedimientos de exclusión o deportación.

El capítulo 9 tocará el nuevo (desde 1986) concepto de la residencia condicional, y específicamente como y cuando se debe quitar el aspecto condicional. El capítulo 10 trata con una ley, adoptada en el 1994, que le permite a una esposa que ha sido víctima del maltrato a presentar una petición por su propia cuenta. El capítulo 11 nos explicará si un viudo o una viuda podrá presentar una petición para la residencia legal por su propia cuenta.

---

1. *¿Necesito haberme casado de manera particular antes de poder ayudar a que mi cónyuge obtenga la tarjeta verde?*

Si se casó en los Estados Unidos, el matrimonio se tuvo que llevarse a cabo de acuerdo con las leyes del estado donde vive. Un matrimonio en el ayuntamiento es conforme a la ley, y por lo tanto es aceptable.

Si se casó en el extranjero, debe demostrar que el matrimonio fue celebrado por las autoridades civiles allá o, si fue celebrado por entidades religiosas, que existe documentación del mismo en las autoridades civiles. Existe una excepción a este requisito si el Departamento de Estado informa que el país no expide documentación con respecto a matrimonios religiosos.

2. *¿Qué es un matrimonio «de buena fe»?*

Ud. debe demostrar que su matrimonio es de buena fe. Esto quiere decir que se casaron porque piensan vivir sus vidas juntos. No es conforme a la ley si la única razón por la cual se casaron es para obtener los papeles, sin ninguna intención de vivir juntos.

Por supuesto, si el matrimonio es genuino, no hay nada malo en tomar los pasos para ayudar a que su cónyuge obtenga la tarjeta verde.

3. *¿Qué pasa si el S.I.N. descubre que nuestro matrimonio no es de buena fe?*

En primer lugar, le rechazarán la petición que presentó por parte de su cónyuge.

El S.I.N. también puede pedir que la oficina local de la Fiscal General de los Estados Unidos emprenda una investigación con el fin de lanzar cargos criminales contra Ud. y su cónyuge.

Si hay un juicio en la corte federal, y resulta convicto de contraer un matrimonio fraudulento con el objetivo de obtener los papeles para su cónyuge, las consecuencias pueden ser muy graves: a Ud. y su cónyuge le pueden castigar con una multa de hasta $250,000, y les pueden mandar a la cárcel hasta por cinco años.

Después de permanecer encarcelado, a su cónyuge se le sujetará a procedimientos de deportación. La lección de todo esto: no contraíga un matrimonio fraudulento.

Si el S.I.N. le rechaza su petición con la idea que su matrimonio es fraudulento, Ud. debería impugnar la decisión con la ayuda de un buen abogado de inmigración.

Si lanzan cargos criminales contra Ud., tambien necesitará obtener un buen abogado de asuntos criminales para que trabaje de manera eficaz con su abogado de inmigración.

4. *Soy ciudadano estadounidense. Me casé con una ciudadana extranjera, que vino con visa a corto plazo pero se quedó más tiempo de lo permitido. Nuestro matrimonio es de buena fe. ¿Qué hago para ayudarla?*

Ambos tendrán algo que hacer. He aquí los detalles:

Ud. llena la planilla 1-130, la Petición para un Pariente Extranjero (Petition for Alien Relative, en inglés). Puede obtener esta planilla directamente de la oficina local del S.I.N. (consulte la guía telefónica) o de la oficina que distribuye las planillas en su región del país. Mejor aún, llame al 1-800-755-0777 para obtenerla.

Ud. tendrá que presentar esta planilla personalmente a la oficina local del S.I.N., conjunto con un cheque o giro postal por $80 pagable a «Immigration and Naturalization Service.»

Su cónyuge debe llenar la planilla 1-485, la Solicitud de Ajuste de Estado (Application to Adjust Status, en inglés), y también la planilla 1-485 Suplemento A (escrita con la intención de descubrir si tendrá que pagar la multa adicional de $650). Visto que Ud. es ciudadano, y su cónyuge vino con visa de no-inmigrante y después se quedó, tendrán que pagar solo $130 para ajustarse el estado, más el costo del examen médico, las fotografías, y las huellas digitales.

5. *¿Qué és el ajuste de estado?*

Se refiere al procedimiento mediante el cual un ciudadano extranjero (en este caso su cónyuge), que se encuentra actualmente en los Estados Unidos, puede cambiar (ajustar) su estado a residente legal, sin tener que gastar tiempo y dinero regresando a su país de origen para ser entrevistado en el consulado estadounidense para la visa de inmigrante.

La nueva ley de inmigración impone restricciones en el ajuste de estado para personas que han permanecido más tiempo de lo permitido por el S.I.N. («overstay,» en inglés). Ciudadanos extranjeros que se han casado con personas que tienen la tarjeta verde y que presentan una petición para ellos, no podrán permanecer en los Estados Unidos y ajustar su estado si no tienen un estado de no-inmigrante válido. Si Ud. ya no tiene un estado válido, puede permanecer en los Estados Unidos y ajustar su estado únicamente si es un pariente directo (si su cónyuge es un ciudadano estadounidense). Sin embargo, si Ud. entró a los Estados Unidos cruzando alguna frontera ilegalmente, no puede permanecer dentro del país y ajustar su estado. Tendrá que regresar a su país de origen y procesar una visa, pero quizás entonces se encuentre con la prohibición de reingreso por tres o diez años por permanecer más tiempo de lo permitido por el S.IN. («overstay,» en inglés).

La provisión especial que comenzó el 1o de octubre, de 1994, conocida como el ajuste 245(i), permite a ciudadanos extranjeros que habían ingresado sin inspección o que habían permanecido más tiempo de lo permitido por el S.I.N. en los Estado Unidos, ajustar su estado una vez que paguen una «multa» (la nueva ley aumentó esta multa de $650 a $1,000). Esta provisión fue un regalo muy generoso para aquellos que mantenían un estado ilegal, y también creó una fuente de ingreso para el S.I.N. El Senado de los Estados Unidos propuso que esta provisión fuera establecida permanentemente, y fue secundado por la administración Clinton. Sin embargo, la Cámara de Representantes no aceptó esta propuesta, considerando esta provisión como una recompensa a aquellas personas que habían violado las leyes. Como resultado, esta medida terminó el 30 de septiembre, de 1997, y el único «convenio» logrado entre la Cámara y el Senado fue una extensión por tres semanas, hasta el 23 de octubre, de 1997, una extensión sin mayor importancia. La terminación de esta provisión del ajuste especial dejará a miles de personas en una situación imposible de solucionar: sin que se les permita permanecer en el país para ajustar su estado por medio de una petición presentada por un pariente directo, y sin poder regresar a su país de origen sin enfrentarse a la prohibición de re-admisión por tres o diez años.

6. *¿Cuánto tiempo debe esperar mi cónyuge para presentar la solicitud de ajuste de estado?*

Visto que Ud. es ciudadano estadounidense, a ella se le conoce como pariente directo (immediate relative, en inglés), que significa que actualmente tiene a su disposición una visa de inmigrante. A la misma vez que Ud. presenta su petición, ella también podrá presentar la solicitud de ajuste de estado.

7. *Aparte de cónyuges, ¿existen otras personas que son conocidas como parientes directos?*

Sí. Los hijos de un ciudadano estadounidense que son menores de veintiún años y solteros, como también los padres de dicha persona (aunque un/a hijo/a estadounidense no podrá presentar su petición hasta que cumpla los veintiún años).

8. *Si yo tuviera la tarjeta verde, y presentara una petición con relación a mi esposo, ¿podría él ajustar su estado?*

Finalmente sí, pero todavía no.

Si se trata de una petición por parte de un residente legal, el cónyuge desafortunadamente todavía no tiene una visa de inmigrante disponible.

Aunque el S.I.N. quizás adjudique su petición dentro de cuatro a ocho meses, su cónyuge tendrá que esperar «su turno en la línea,» es decir hasta que las otras personas que han sido patrocinadas antes que su cónyuge sean entrevistadas.

Actualmente, su esposo tendrá que esperar alrededor de cuatro y medio años antes de poder presentar la solicitud para ajuste de estado (si Ud. todavía tiene estado válido de no-inmigrante), o viajar a su país de origen para ser entrevistado por el consulado estadounidense.

9. *Tengo la tarjeta verde. Presenté recientemente la petición para mi hija, que tiene diecinueve años de edad, y es soltera. ¿Qué pasa si, antes de ser entrevistada, ella cumple los veintiún años, o se casa?*

En este momento, su hija está incluida dentro de la Preferencia 2A (cónyuge, o hijos menores de veintiún años y solteros, de un residente legal). El plazo de espera es alrededor de tres años. Si cumple los veintiún años de edad antes de ser entrevistada, le cambiarán a la Preferencia 2B (hijos de un residente legal que son mayores de veintiún años de edad). En dado caso, el plazo de espera será aun más largo, alrededor de cinco años.

Si su hija se casa antes de ser entrevistada, se revocará la petición: un residente legal no puede presentar una solicitud para una hija casada. Tendrá que patrocinarla de nuevo después de nacionalizarse.

10. *Con respecto a mi, el ciudadano estadounidense, ¿qué documentos debo presentar con la planilla 1-130?*

He aquí lo que necesita presentar:

- Pruebas de su ciudadanía estadounidense. Esto consiste de una fotocopia de su partida de nacimiento, si nació aquí, o su certificado de naturalización, si es que nació en el extranjero pero se convirtió en ciudadano estado-unidense por medio de la naturalización;

- Declaración sobre las fotocopias de documentos. El S.I.N. actualmente acepta fotocopias de los documentos necesarios, como por ejemplo el certificado de naturalización, la tarjeta verde (planilla 1-551), la partida de nacimiento y el acta de matrimonio. Mande con su petición la siguiente declaración escrita a mano o a máquina que ha sido autorizada por el S.I.N.: «Copies of documents submitted are exact photocopies of original documents, and I understand that I may be required to submit original documents to an immigration or consular officer at a later date» («Las fotocopias de los documentos que he presentado son fotocopias fieles de documentos originales, y entiendo que si es necesario en el futuro presentaré los documentos originales a un agente de inmigración o funcionario del consulado»). Ud. debe firmar esta declaración, aunque no necesariamente en frente de un notario, y escribir la fecha.

- Acta de matrimonio. Si se casó en los Estados Unidos, este documento reflejará su nombre, el nombre de su cónyuge, como también la fecha y el lugar donde se celebró el matrimonio. Si se casó en el extranjero, el documento debe contener la misma información, aunque tal vez tendrá que ser traducido al inglés.

- Pruebas de la expiración de un matrimonio anterior. Si Ud. o su cónyuge se habían casado antes de este matrimonio, tendrán que presentar una fotocopia de la orden judicial que demuestra que ese matrimonio se terminó conforme a la ley, conjunto con una traducción si la orden no está escrita en inglés.

* La partida de nacimiento de su cónyuge, que demostrará la identidad de el o ella. Si este, o cualquier otro documento, no está escrito en inglés, tendrá que añadir una traducción.

* Declaración del traductor. No es necesario que la persona que traduce los documentos sea profesional, sino que esté capacitada a traducir. Debe mandar los papeles con la siguiente declaración firmada por el traductor: «I, (name), certify that I am competent to translate this document, and that the translation is true and accurate to the best of my abilities» («Yo, (nombre), certifico que estoy capacitado a traducir este documento, y que mi traducción es fiel y verdadera a mi mejor conocer»).

11. *¿Tendré que presentar los mismos documentos si soy residente legal?*

Sí, pero en vez de presentar evidencia de la ciudadanía, tendrá que mandar una fotocopia de ambos lados se su tarjeta verde (planilla I-551).

12. *Aparte de la planilla I-130 y estos documentos, ¿qué más debo presentar?*

Ud. y su cónyuge deben llenar la planilla G-325A, que contiene información biográfica, inclusive el nombre, lugar y fecha de nacimiento de sus padres, su historial de empleo y residencia en los últimos cinco años. Estas planillas deben ser escritas a máquina, si es posible, porque tras de cada una de ellas se encuentra un papel carbón.

Ud. y su cónyuge deben firmar las planillas con un bolígrafo. Si su cónyuge está en el extranjero, tendrá que enviarle la planilla para que la firme allá, y la devuelva inmediatamente por correo.

13. *¿Se necesita presentar una fotografía de mi y mi cónyuge?*

Sí, una fotografía a color de cada uno, con el fondo blanco, desde la cabeza a los hombros, mirando hacia la izquierda, con la oreja derecha expuesta. Escriban, no firmen, sus nombres en la parte posterior de la fotografía con un lápiz No. 2.

14. *¿Qué más hay que pagar?*

Tendrá que pagar por las fotografías, las huellas digitales, y el examen médico.

* Fotografías. Su cónyuge necesita cuatro fotografías más, del mismo tamaño descrito arriba;

* Huellas digitales. Su cónyuge necesita dos muestras de sus huellas digitales en la planilla FD-258. Asegure que las planillas estén claras. Las cuatro fotografías y las huellas digitales le costará entre $23 y $25.

* Examen médico. Su cónyuge debe presentar la planilla I-693, el Examen Médico de Extranjeros que Solicitan el Ajuste de Estado, llenada por un doctor autorizado por el S.I.N. (de una lista que le dará el S.I.N. cuando

presente su planilla I-130 y su cónyuge presente la planilla I-485). El examen incluye el examen del S.I.D.A. y la radiografía (pero una persona encinta no tiene que presentar la radiografía).

Tome en cuenta que algunas oficinas del S.I.N. requieren que presente el examen médico a la misma vez que se presenta la planilla I-485, la solicitud de ajuste de estado, no a la fecha de la entrevista algunos meses más tarde. Debe confirmar el curso de acción en la oficina donde presentará su solicitud.

Llame a varias clínicas de la lista para ver cual de ellas le cobra menos. El costo debe ser alrededor de $125.

15. *¿Hay otra planilla que se debe presentar conjunto con la solicitud de ajuste de estado?*

Sí, una planilla que el S.I.N. enviará al Servicio de Rentas Internas (Internal Revenue Service, o I.R.S., en inglés). Es la planilla 9003, Preguntas Adicionales para todos los que Soliciten la Residencia Permanente en los Estados Unidos (Additional Questions to be completed by all Applicants for Permanent Residence in the United States, en inglés).

En la planilla debe declarar su número de seguro social, si tiene uno, como también información sobre si ha pagado los impuestos sobre la renta por los últimos tres años.

16. *¿Precisamente cómo presento estos papeles?*

En primer lugar, debe hacer fotocopias de todos los documentos que presentará al S.I.N. (con la excepción de el examen médico, que el doctor colocará en un sobre cerrado).

En cada oficina del S.I.N. existe un lugar donde presentar los papeles, y también un cajero cerca o en el mismo lugar. Primero, vaya donde está el cajero, pague el costo pertinente, y pida un recibo.

Después de obtener el recibo, entregue la petición, la solicitud de ajuste, y los otros documentos a un funcionario de inmigración en dicha oficina. El funcionario repasará los documentos para ver si falta algo, por ejemplo ciertos documentos pertinentes, las fotografías, o huellas digitales. Si los papales están completos, el funcionario le expedirá una planilla con la fecha de su entrevista, a la cual tendrá que asistir no solamente su cónyuge, sino también Ud.

A raíz de la gran cantidad de personas que han presentado solicitudes de ajuste de estado bajo la nueva ley, su entrevista tal vez no se lleve a cabo hasta nueve a doce meses después de presentar los papeles, aunque la tardanza varía de acuerdo con la oficina del S.I.N. en cuestión.

17. *Durante la espera, ¿puede mi cónyuge obtener permiso de trabajo?*

Sí. A la vez que presenta la solicitud de ajuste de estado, puede presentar la planilla I-765, la Solicitud de Permiso de Trabajo (Application for Employment Authorization, en inglés), conjunto con un cheque o giro postal de $70 a

«Immigration and Naturalization Service.» Debe escribir (c)(9) en el espacio 16 de la planilla, para así indicar que el pedido se funda en el hecho que la solicitud de ajuste de estado está pendiente.

La solicitud se debe presentar en la oficina local del S.I.N. junto con fotografías y huellas digitales. Su cónyuge podrá recoger el permiso de trabajo allá, o lo enviarán por correo, y tendrá validez por un año.

18. *Si ocurre alguna emergencia, ¿podrá mi cónyuge viajar a su país y regresar mientras la solicitud está pendiente?*

Sí. A partir del 20 de abril, de 1995, el S.I.N. anunció un cambio, el de autorizar la Libertad Condicional Adelantada a personas que están esperando sus entrevistas. Se debe presentar la planilla I-131, la Solicitud para un Documento de Viaje (Application for Travel Document, en inglés), conjunto con fotografías y $70 en la oficina local del Servicio.

Se debe también presentar una fotocopia de la solicitud de ajuste I-485, conjunto con una fotocopia del recibo. Su cónyuge añade una carta explicando las razones por las cuales necesita hacer un viaje breve a el país de origen. El S.I.N. le pedirá que comparezca en las oficinas locales, y adjudicará su solicitud allí mismo, dándole la planilla I-512, que indica que le han aprobado la libertad condicional por razones humanitarias, y que se espera que regrese a los Estados Unidos a partir de cierta fecha.

19. *¿Decidirán la solicitud de ajuste de estado en la entrevista?*

Sí, a lo menos que el entrevistador piense que se necesita más pruebas, o tenga ciertas dudas sobre su matrimonio, o piense que se necesita investigar algo más a fondo.

En la mayoría de casos, el entrevistador decidirá la solicitud allí mismo.

20. *¿En qué se fijará el entrevistador?*

Lo primero es en asegurarse que su matrimonio es de buena fe. El, al fin de la entrevista, tendrá una impresión basada en su «sexto sentido,» su propia experiencia, y como se comportan Uds. En segundo lugar, el entrevistador tratará de determinar si su cónyuge es admisible a los Estados Unidos. La planilla I-485 contiene preguntas sobre su antecedente policiaco y otros temas que pueden resultar complejos. El entrevistador le hará jurar a su cónyuge que las respuestas en la planilla y durante la entrevista son verídicas, y podrá pedir más detalles, si es necesario.

A la fecha de la entrevista, también tendrá a su disposición un resumen policiaco del F.B.I., que se realizó por medio de las muestras de sus huellas digitales en la planilla FD-258.

También le hará ciertas preguntas con el fin de determinar si es probable que se convierta en una carga pública, es decir, si en el futuro tendrá que pedir asistencia pública en efectivo para sobrevivir.

21. *¿Cómo es que mi cónyuge comprueba que no se convertirá en una carga pública?*

Su cónyuge debe presentar pruebas que está trabajando, o una carta de un empleador ofreciéndole un puesto tan pronto como tenga el permiso de trabajo. Si no tiene estas pruebas, Ud. debe presentar la planilla 1-134, la Declaración de Sostenimiento (Affidavit of Support, en inglés), en la cual también tendrá que declarar que su cónyuge contará con su ingreso, siquiera por los próximos tres años, para propósitos de determinar si su cónyuge será elegible a obtener beneficios sociales. Ud. tendrá que presentar pruebas que está trabajando y que tiene ahorros, como también fotocopias de las planillas recientes de los impuestos que ha presentado al Servicio de Rentas Internas.

22. *¿Qué pasa si todo va bien y mi cónyuge es admisible?*

El entrevistador pondrá un sello rojo en el pasaparte de su cónyuge que dice «Processed for 1-551 . . . Employment Authorized,» indicando así que le han entrevistado exitosamente para la residencia, y que tiene permiso de trabajo. Visto que se tardan en producir la tarjeta plástica, el sello tendrá validez por un año o dieciocho meses. ¡No se cambie de dirección mientras espera la llegada de la tarjeta verde!

23. *Estoy casado por segunda vez. Tengo la tarjeta verde y quiero patrocinar a mi cónyuge. Yo logré obtener la residencia hace dos años atrás, mediante una petición de mi primer cónyuge. ¿Se me hará difícil patrocinar a mi nuevo cónyuge?*

Sí. Solamente dos años han pasado desde que Ud. obtuvo el estado de residente legal por medio de su primer cónyuge. La ley le prohíbe presentar su petición hasta que hayan pasado siquiera cinco años desde la fecha que obtuvo la residencia legal.

24. *¿Existe alguna excepción a esta norma severa?*

Sí. No está sujeto a los cinco años de espera si es que convence al S.I.N., mediante pruebas claras y contundentes, que su primer matrimonio fue genuino (es decir, de buena fe), y no se contrajo el mismo con el objetivo de eludir las leyes de inmigración (o si se terminó porque murió su cónyuge).

25. *¿Cómo demuestro, de manera clara y contundente, que mi primer matrimonio fue de buena fe?*

Las normas del S.I.N. requieren que presente lo siguiente para demostrar que el matrimonio fue de buena fe:

- Documentación de la comunidad de bienes durante el matrimonio;
- Escrituras de casa o de arriendo en común;
- Pruebas que han mezclado los bienes (como por ejemplo declaración de la renta conjunta, cuenta de banco conjunta);
- Partidas de nacimiento de hijos del matrimonio.

Se puede presentar también las declaraciones, bajo juramento, de otras personas con conocimiento que dicho matrimonio fue de buena fe. Esas personas deben declarar que están dispuestas a presentarse a testificar si es necesario (esto ocurre rara vez, pero dicha declaración indicará que la persona lo dice con sinceridad y toda seriedad). Ud. también deberá presentar su declaración en la cual explica los detalles del matrimonio, desde principio al fin.

26. *Entré a los Estados Unidos por la frontera sin ser inspeccionada por un agente de inmigración. El. S.I.N. me detuvo y me sometió al procesamiento de deportación. Depués que me dejaron en libertad bajo fianza, mi novia y yo nos casamos. Ellas logró obtener la tarjeta verde por medio del programa de «amnistía.» ¿Podrá patrocinarme?*

La nueva ley cambiará esta pregunta y respuesta. Si Ud. entró sin ser inspeccionado, será considerado como inadmisible. Ud. no sería puesto en libertad bajo fianza por el S.I.N., y en lugar de esto sería sujeto a la «deportación inmediata.» Probablemente, Ud. sería devuelto a su país de origen y se le prohibiría la readmisión por cinco años antes de que pudiera ver a, mucho menos casarse con, su novia.

27. *Mi cónyuge, que tiene la tarjeta verde, me patrocinó hace cuatro años. ¿Me comunicará el S.I.N. en cuanto mi fecha de prioridad esté vigente, para ya poder presentar mi solicitud de ajuste de estado?*

No, el S.I.N. no le informará. Ud. tiene que estar al tanto de esta información, para después poder presentar su solicitud al S.I.N.

Ud. podrá obtener esta información de cualquier abogado de inmigración o agencia de servicios de inmigración, que tengan disponible en gráfico las fechas que están vigentes. Ud. también podrá obtener esta información mediante las publicaciones mencionadas en el Apéndice.

Como Quitar el Aspecto Condicional de la Residencia

Lo tratado en este capítulo no es para el ciudadano estadounidense o el residente legal que ha presentado una petición por parte de su cónyuge, sino para el que ya ha logrado ajustar su estado y tiene la tarjeta verde, pero de manera condicional.

Este capítulo explica como quitar el aspecto condicional de la residencia, algo que se creó mediante las enmiendas de 1986 para combartir los matrimonios fraudulentos. Este capítulo también le indicará lo que debe hacer si se divorcian o si su cónyuge le ha maltratado.

---

1. *Me casé con un estadounidense y él me patrocinó. El entrevistador que me aprobó mi solicitud me dijo que mi tarjeta verde será condicional. ¿Porqué?*

He aquí la norma que le explica si su tarjeta verde será condicional: si menos de dos años han pasado desde la fecha de su matrimonio a la fecha de su ajuste (o la fecha que entra a los Estados Unidos con visa de inmigrante), su residencia legal será condicional.

En lo práctico, esto significa que casi toda petición presentada por un ciudadano estadounidense por parte de un cónyuge extranjero resultará en la residencia legal condicional, a menos que el entrevistador necesite investigar el matrimonio, o algún otro tema, más a fondo. Si, a raíz de dichos atrasos, han pasado más de dos años desde el matrimonio hasta la fecha del ajuste de estado, la residencia legal no será condicional.

2. *¿En qué sentido es la tarjeta condicional como la tarjeta común y corriente?*

Su tarjeta verde condicional es semejante a la común y corriente en las siguientes maneras:

1. Con la tarjeta verde condicional, podrá trabajar en los Estados Unidos en cualquier puesto;
2. Con la tarjeta verde condicional, podrá viajar fuera de los Estados Unidos y regresar a gusto;
3. Visto que obtuvo la tarjeta verde mediante una petición de su cónyuge estadounidense, sólo necesita esperar tres años (no cinco) después del ajuste para presentar su solicitud para la naturalización.

3. *¿En qué sentido es diferente?*

A cierta fecha tendrá que pedir que le quiten el aspecto condicional. Si todavía están casados, Ud. y su cónyuge tendrán que presentar una petición conjunta para quitar el aspecto condicional de su residencia. Deben hacerlo dentro de veintiún a veinticuatro meses después de la fecha que logró ajustar su estado a residente legal condicional.

Deben presentar la planilla I-751, la Petición para Quitar el Aspecto Condicional de la Residencia (Petition to Remove the Conditions on Residence, en inglés), conjunto con $80 pagable a «Immigration and Naturalization Service.» Manden también una fotocopia de ambos lados de su tarjeta verde, es decir la planilla I-551.

4. *¿Podré quitar el aspecto condicional no obstante el hecho de haberme divorciado?*

Sí. Adjunte a la petición una fotocopia del decreto de divorcio. Debe demostrar que su matrimonio fue genuino, es decir de buena fe, y que no se terminó por su culpa. Para más detalles sobre como demostrar que su matrimonio fue genuino, vea el capítulo 8, Pregunta 28.

5. *Estoy casada pero mi cónyuge me pega y es cruel conmigo. ¿Puedo pedir que quiten el aspecto condicional por mi propia cuenta?*

Sí. Es dudoso que alguien que le está pegando quiera presentar la petición conjunta para quitar el aspecto condicional de su residencia legal. Quizás hasta le esté amenazando con reportarla al S.I.N. para que emprendan procedimientos de deportación.

Su cónyuge no se saldrá con las suyas. Ud. debe pedir un permiso especial en lugar del requisito de presentar la petición conjunta. Siendo víctima del maltrato, Ud. puede solicitar el permiso especial sin tener que esperar los veintiún a veinticuatro meses. ¡Debe presentar su solicitud para el permiso especial lo más pronto posible!

He aquí los documentos que necesita mandar con su solicitud para el permiso especial (preséntelos con la planilla 1-751, la Petición para Quitar el Aspecto Condicional de la Residencia):

Para demostrar el abuso físico: presente informes y declaraciones escritas por la policía, un juez (por ejemplo, una orden de protección), personal médico, personal de una escuela (si le ha pegado también a sus hijos), o personal de agencias sociales.

Para demostar la crueldad mental: presente informes y declaraciones de trabajadores sociales, psicólogos, y psiquiatras.

6. *¿En qué se puede basar la solicitud para el permiso especial?*

Se reconocen tres motivos (obviamente, aparte de la muerte de su cónyuge): si se casó con intenciones legítimas, pero se divorciaron y Ud. no tuvo la culpa; si está todavía casada, pero su cónyuge le está pegando o tratando con crueldad; y si su deportación le causaría privación extrema.

7. *¿Cómo demuestro que pasaría por privación extrema en caso de que me deportarán?*

Vea el capítulo 3, Pregunta 41, para más detalles sobre como demostrar privaciones excepcionales (no existe diferencia significativa entre las privaciones «extremas» y las privaciones «excepcionales»).

8. *Con respecto a la privación extrema, ¿debe tener origen en cierto plazo de tiempo?*

Esto quizás resulte difícil para Ud.: es necesario demostrar que la privación se presentó durante el tiempo (que tal vez será muy breve) que ha sido residente legal condicional.

9. *¿Puedo hacer constar más de un motivo para obtener el permiso especial?*

Sí, pero esto requiere una aclaración. La planilla 1-751 le pide que «señale un» motivo para su pedido. Por otro lado, la Junta de Apelaciones de Asuntos de Inmigración, que repasa las decisiones del S.I.N., ha indicado que no puede discutir otro motivo en caso de una apelación, sino comenzar de nuevo por medio de otra solicitud al S.I.N. Esto significa que, si a la fecha que presenta la solicitud para el permiso especial existen otros motivos, debe declararlos también, junto con pruebas.

Su aprieto de peligro y ansiedad requiere la asistencia de un buen abogado de inmigración, para así preparar una solicitud contundente. Dado el abuso y la crueldad que ha sufrido a manos de su cónyuge, fuera realmente indignante si no le concederían el permiso especial en lugar del requisito de presentar la petición conjunta. Su abogado asegurará que su cónyuge no se salga con la suya.

10

Si Ud. es Maltratada

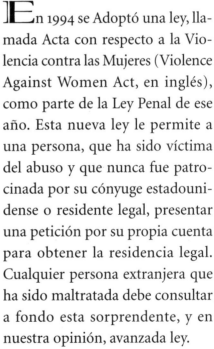

En 1994 se Adoptó una ley, llamada Acta con respecto a la Violencia contra las Mujeres (Violence Against Women Act, en inglés), como parte de la Ley Penal de ese año. Esta nueva ley le permite a una persona, que ha sido víctima del abuso y que nunca fue patrocinada por su cónyuge estadounidense o residente legal, presentar una petición por su propia cuenta para obtener la residencia legal. Cualquier persona extranjera que ha sido maltratada debe consultar a fondo esta sorprendente, y en nuestra opinión, avanzada ley.

Aviso: el 26 de marzo, de 1996 el S.I.N. anunció que publicará próximamente normas para implementar a esta ley. Estas normas pueden clarificar, o modificar, la información en este capítulo.

1. *Me casé con un ciudadano estadounidense hace tres años. Me dijo que me iba a patrocinar, pero después se puso furioso y no lo hizo. Ahora las cosas se han puesto peor. Me pega, y me dice que hasta tal vez me reportará al S.I.N. ¿Tengo posibilidades de obtener la tarjeta verde?*

Sí. La ley de 1994 contiene una cláusula que le permite a Ud. presentar una petición para la tarjeta verde por su propia cuenta.

2. *¿Qué tengo que demostrar para presentar dicha petición?*

Tiene que comprobar varias cosas, inclusive algunas que son difícil de demostrar:

- Que Ud. está casada con un ciudadano estadounidense o residente legal. En su caso, cumple con este requisito ya que está casada con un ciudadano estadounidense.
- Que Ud. está viviendo con su cónyuge, o por lo menos que vivió con su cónyuge antes que este comenzó a maltratarla. En su situación, también cumple con.este requisito de la ley.
- Que su matrimonio fue genuino, es decir de buena fe, desde el principio. Vea el capítulo 8, Pregunta 28, para más información sobre los documentos que debe presentar para comprobar esto.
- Que Ud. es una persona de buen carácter moral (por ejemplo, que no ha mentido al S.I.N., ni ha cometido un delito grave). Vamos a suponer que Ud. también cumple con este requisito.
- Que le han pegado o ha sido víctima de la extrema crueldad mental. Vea el capítulo 9, Pregunta 5, para más detalles sobre los documentos que necesitará para demostrar esto. Visto que es difícil documentar esto, tal vez el S.I.N. se muestre flexible.
- Que su deportación, o la deportación de sus hijos, le causará privación extrema a Ud. o a sus hijos. Vea el capítulo 3, Pregunta 41, para más detalles.

3. *Después de tanto abuso, le insistí que quería el divorcio, y mi esposo finalmente me lo concedió. ¿Significa esto que no podré presentar la petición por mi propia cuenta?*

Si Ud. se divorcia de su esposo, sentimos informarle que debido a las nuevas regulaciones del S.I.N., no podrá presentar una petición por su propia cuenta. Sin embargo, si su matrimonio termina después de que Ud. presentó su petición, ésta será considerada como válida.

4. *¿En qué planilla presento mi petición? ¿Cuánto tengo que pagar?*

A la fecha de imprenta aún no hay normas formales del S.I.N. al respecto. Sin embargo, un cablegrama difundido por la jefatura del S.I.N. en marzo, de 1995 dio cierta información útil. Tendrá que usar la planilla I-360, la Petición para un Asiáticoamericano, Viudo/a o Inmigrante Especial, conjunto con $80. En la parte 2, tache lo que dice «special immigrant juvenile,» y en su lugar escriba «Crime Bill—Spouse of Citizen,» si es o fue cónyuge de un ciudadano estadounidense;

«Crime Bill—Spouse of Permanent Resident,» si es o fue cónyuge de un residente permanente; «Crime Bill—Child of Citizen,» si es o fue hijo o hija de un ciudadano estadounidense; o «Crime Bill—Child of Permanent Resident,» si es o fue hijo o hija de un residente permanente.

Desafortunadamente, también tendrá que presentar pruebas del estado de su cónyuge, ya sea residente legal o ciudadano estadounidense, y esto quizás será muy difícil para Ud. Sería ideal si tuviera una fotocopia de la tarjeta verde, partida de nacimiento, o certificado de naturalización de su cónyuge.

Aparte de eso, su mayor preocupación será en presentar pruebas del abuso que ha sufrido, de la privación en caso de ser deportada, y de su buen carácter moral. Esto es sumamente importante, y no debe intentarlo sin la ayuda de un experto. Debe consultar a un buen abogado de inmigración.

Recuerde las palabras de la Comisionada del S.I.N. con respecto al objeto de la ley y de las normas: «Las víctimas indocumentadas de la violencia doméstica no deberán temer su deportación por sus relaciones con quienes cometen esos atropellos en su contra.»

5. *¿Acaso la provisión de «cancelación de remoción» que ofrece la nueva ley aplica a mi caso?*

Sí. A diferencia de la provisión usual que requiere que una persona debe estar físicamente presente por diez años antes de ser elegible, la esposa maltratada, o sus hijos, por un ciudadano estadounidense o residente legal, necesitan haber estado físicamente presentes en los Estados Unidos por únicamente tres años antes de ser elegibles para presentar su solicitud. Este es un aspecto gratamente humanitario de la nueva ley de inmigración.

11

Si es Viudo o Viuda

La Ley de Inmigración de 1990 hizo posible algo raro, que viudos o viudas de ciudadanos estadounidenses puedan presentar peticiones para obtener la residencia legal si no habían sido patrocinados antes. Este capítulo les explica como aprovechar de esta oportunidad que ofrece la ley.

---

1. *Me casé con un residente legal hace cuatro años. El murió hace un mes, pero no me había patrocinado. ¿Puedo presentar una petición por mi propia cuenta?*

No. La ley no le permite a un viudo o una viuda de un residente legal presentar esta petición.

2. *Me casé con un ciudadano estadounidense hace cuatro años. El murió hace un mes, pero no me había patrocinado. ¿Puedo presentar una petición por mi propia cuenta?*

Sí, siempre y cuando cumpla con ciertos requisitos de la ley.

3. *¿Qué debo comprobar?*

Tres cosas:

- Que su cónyuge fue ciudadano estadounidense (presente una fotocopia de la acta de matrimonio, y la partida de nacimiento o la acta de naturalización de su cónyuge);
- Que estuvieron casados por siquiera dos años antes que falleció su cónyuge (presente una fotocopia de la acta de defunción que, conjunto con la acta de matrimonio, demostrará si pasaron siquiera los dos años);
- Que no se ha casado de nuevo desde la muerte de su cónyuge (una sugerencia: si piensa casarse, hágalo después).

4. *¿Mi cónyuge tenía que ser ciudadano estadounidense por los dos años o más que estuvimos casados?*

No, solamente a la fecha de fallecer.

5. *¿Cuándo debo presentar mi petición como viudo o viuda de un cónyuge ciudadano estadounidense?*

Debe presentar su petición dentro de dos años de la fecha que falleció su cónyuge.

6. *¿En qué plazo de tiempo adjudicarán mi petición?*

Siendo viudo o viuda de un ciudadano estadounidense, a Ud. se le considera un pariente directo. Le deben aprobar su petición dentro de cuatro a ocho meses, como cuando el cónyuge está vivo.

7. *¿Qué planilla tengo que presentar? ¿Cuánto tengo que pagar?*

Debe presentar la planilla I-360, la Petición de Asiáticoamericano, Viudo o Viuda, o Inmigrante Especial, conjunto con $80 en cheque o giro postal pagable a «Immigration and Naturalization Service.»

8. *¿Mis hijos también podrán obtener este beneficio?*

A sus hijos también se les considerarán parientes directos. Sin embargo, ellos tendrán que presentar sus propias peticiones Si es posible, deben presentarlas al mismo tiempo que Ud. presenta su petición. Si lo hacen después, tendrán que presentar las pruebas de nuevo como lo hizo Ud.

La petición de un hijo o hija, además, debe dejar bien claro que Ud. y el o ella han tenido la relación de madre-hijo/a o padre-hijo/a necesaria bajo la ley (vea capítulo 12 para más detalles).

12

Como Ayudar a que Sus Hijos Obtengan la Tarjeta Verde

La reunificación de la familia ha sido una característica de la ley de inmigración desde hace tres décadas. Durante este período, el Congreso ha afirmado la importancia de reunir a ciudadanos estadounidenses y a residentes legales con sus hijos que provienen del extranjero. Este capítulo le explicará como Ud., siendo residente legal o ciudadano estadounidense, podrá ayudar a que sus hijos, que son ciudadanos extranjeros, obtengan la residencia legal en los Estados Unidos.

1. *Soy residente legal. ¿A quién de mis parientes puedo patrocinar?*

Puede presentar una petición para beneficiar a su cónyuge, como también a hijos que no estén casados. Si patrocina a su cónyuge o hijos menores de veintiún años que no estén casados (Preferencia 2A), tendrá que esperar alrededor de tres años hasta que una visa de inmigrante esté a la disposición de su pariente, y hasta que este pueda ajustar su estado (si está en los Estados Unidos), u obtener la visa de inmigrante en el país de origen. Si patrocina a un hijo o hija que ya ha cumplido los veintiún años (Preferencia 2B), la espera será alrededor de cinco años.

Tome en cuenta que no puede patrocinar a hijos casados de cualquier edad, ni a sus padres, ni a un hermano o una hermana tampoco.

2. *Soy ciudadano estadounidense. ¿A quién de mis parientes puedo patrocinar?*

Como hemos visto en el capítulo 8, puede patrocinar a su cónyuge, como un pariente directo (immediate relative, en inglés). Así también se le conoce a sus hijos menores de veintiún años que no estén casados, y a sus padres (siempre y cuando Ud. haya cumplido los veintiún años de edad).

El proceso es más lento en cuanto a sus hijos que no estén casados pero ya cumplieron los veintiún años de edad (Preferencia 1), y a sus hijos casados de cualquier edad (Preferencia 3). El proceso es sumamente largo con respecto a un hermano o hermana (Preferencia 4).

Aviso: Proyectos de ley en el Congreso en 1996 proponen conservar las categorías para parientes directos, y la Preferencia 2A, y eliminar las demás, con consecuencias drásticas para las familias.

Las siguientes preguntas, hasta la pregunta número 11, supondrá que el partido interesado tiene estado legal vigente, ya sea como residente legal o ciudadano estadounidense. Las preguntas 11-17 tratan solamente con peticionarios ciudadanos estadounidenses.

3. *Me casé en mi país, y mi esposa dio a luz a nuestro hijo allá. Le tuvimos que dejar con su abuela cuando vinimos a los Estados Unidos. ¿Qué hacemos para traerlo acá y para que obtenga la tarjeta verde?*

Su hijo es conocido como un *hijo nacido dentro de un matrimonio* (el término anterior era *hijo legítimo*). Si la madre o el padre presenta la planilla I-130, la Petición para un Pariente Extranjero (Petition for Alien Relative, en inglés), conjunto con cheque o giro postal de $80 a «Immigration and Naturalization Service,» tendrá que mandar:

- Fotocopias de ambos lados de su tarjeta verde, si es residente legal, o partida de nacimiento o acta de naturalización, si es ciudadano estadounidense;
- Fotocopia de la partida de nacimiento del hijo, donde constará su nombre y los nombres de sus padres, con traducción al inglés si es necesario.

El nombre de la madre o el padre en la partida de nacimiento debe ser el mismo que figura en la petición. Si no coincide, es necesario aclarar la razón por cual existe un nombre diferente.

Si el padre es el peticionario, tiene que presentar una fotocopia del acta de matrimonio, y, si había sido casado antes, pruebas que ese matrimonio se ha terminado.

4. *Mi novia y yo tuvimos una relación y ella dio a luz a nuestro hijo. Nos casamos un año después. ¿Cómo hacemos para que el venga a los Estados Unidos y obtenga la tarjeta verde?*

A su hijo se le conoce como un *hijo hecho legítimo*. Veamos como se logra la legitimación y cuando debe ocurrir eso. Apunten estos detalles, porque son importantes.

La legitimación ocurre:

- Cuando se casan los padres. Aviso: El matrimonio debe ocurrir antes que el hijo cumpla los dieciocho años de edad.
- Por operación de ley en el país donde vive el hijo. Aviso: Dicha ley debe entrar en vigor antes de que el hijo cumpla los dieciocho años de edad.
- Por operación de ley en el país donde vive el padre. Aviso: El padre debe demostrar que vivió allá con su hijo cuando este tenía menos de dieciocho años de edad.

Necesita presentar los siguientes documentos:

- Fotocopias de ambos lados de su tarjeta verde, si es residente legal, o partida de nacimiento o acta de naturalización, si es ciudadano estadounidense;
- Partida de nacimiento del hijo, con traducción al inglés si es necesario;
- Acta de matrimonio de los padres, o pruebas que, mediante una enmienda a la ley, se logró la legitimación (fíjese si el matrimonio o la enmienda a la ley ocurrió antes que el hijo cumplió los dieciocho años de edad).

5. *Mi novia y yo tuvimos una relación en nuestro país y ella dio a luz a nuestro hijo. Ella lo abandonó y ahora desconozco su paradero. Nuestro hijo está bajo la tutela de mi madre. ¿Cómo hago para que él llegue a los Estados Unidos y obtenga la tarjeta verde?*

A su hijo se le conoce como un *hijo fuera del matrimonio* (el termino anterior era *hijo ilegítimo*). Para poder traerlo, el padre tendrá que comprobar que mantiene o mantuvo una «relación de padre a hijo» antes que su hijo cumplió los veintiún años de edad.

Antes de hablar más a fondo sobre la relación de padre a hijo, veamos si su país ha eliminado la distinción entre hijos nacidos dentro o fuera del matrimonio. Si su país ha eliminado las distinciones, el S.I.N. le tratará como si hubiera nacido dentro del matrimonio, y por lo tanto no tendrá que comprobar que mantuvo una relación de padre a hijo.

He aquí los países que han eliminado esta distinción: Bolivia, Cuba, Ecuador, Guatemala, Guyana, Haiti, Honduras, Trinidad y Tobago, y Yugoslavia.

Supondremos que su país no es uno de estos, y que tendrá que comprobar que mantuvo la relación de padre a hijo. ¿Cómo lo hace?

Primero, tendrá que presentar la planilla I-130, conjunto con los documentos necesarios:

- Fotocopias de ambos lados de su tarjeta verde, si es residente legal, o partida de nacimiento o acta de naturalización, si es ciudadano estadounidense;

- Partida de nacimiento de su hijo, en la cual Ud. consta como el padre, con traducción al inglés si es ncesario. Si el nombre que consta en la partida es diferente del que está en la petición, debe aclarar la discrepancia.

6. *¿Cómo demuestro la relación de padre a hijo?*

Esto sí será estimulante. Comprobar que existió una genuina relación de padre a hijo será difícil en una situación como la suya, visto que salió del país cuando su niño todavía era bebé, y no ha vuelto, o a vuelto pocas veces, dejándole a el en la custodia de su madre.

Será difícil, pero no imposible. Debe demostrar, por medio de documentos y declaraciones, que lo apoyó económicamente y se preocupó por su bienestar y educación. En suma, debe demostrar que le apoyó emocional y económicamente.

El S.I.N. quiere ver evidencias de apoyo prolongado y actual, mediante fotocopias de cheques o giros postales. Si estos se han dirigido a su madre, ella tendrá que presentar una declaración en la cual relata las cantidades que suele Ud. mandar, y el hecho que Ud. se ha preocupado por el bienestar de su hijo.

Si ya puede escribir cartas su hijo, será importante mandar fotocopias de la correspondencia entre Uds. que reflejará el cariño que existe, y la esperanza de reunirse en los Estados Unidos cuanto antes.

7. *Recién me casé con una ciudadana extranjera que tiene una hija de diecisiete años. Siendo su padrastro, ¿le puedo patrocinar?*

Sí, y me da gusto saber que se casó antes que su hijastra cumplió los dieciocho años de edad. Recuerde bién esta regla: El matrimonio que crea la relación de padrastro a hijastra debe ocurrir antes que la hija cumpla los dieciocho años de edad. Si ella ya cumplió los dieciocho años a la fecha que se casó con su madre, Ud. no podrá patrocinarla como su padrastro.

He aquí los documentos que necesita presentar:

- Fotocopias de ambos lados de su tarjeta verde, si es residente legal, o partida de nacimiento o acta de naturalización, si es ciudadano estadounidense;
- Partida de nacimiento de su hijastra, que reflejará el nombre de su cónyuge, con traducción al inglés, si es necesario;
- Su acta de matrimonio, que reflejará (conjunto con la partida de nacimiento de su hijastra) que la relación de padrastro a hijastra se creó antes que esta cumplió los dieciocho años;
- Comprobantes que, si Ud. o su cónyuge estaban casados antes, dicho matrimonio se terminó.

8. *Me casé con un ciudadano extranjero que tiene un hijo de diecisiete años. Quisiera adoptarlo y después ayudarlo a obtener los papeles como hijo adoptivo. ¿Podré hacerlo?*

No. Es demasiado tarde. He aquí la norma: Para poder patrocinar a alguien como hijo adoptivo, tenía que haberle adoptado antes que cumpla los dieciséis años de edad.

Sin embargo, siendo Ud. madrastra, le puede patrocinar a el como su hijastro, ya que el matrimonio sí ocurrió antes que el hijastro cumplió los dieciocho años. Presente los papeles como madrastra, y fíjese en la Pregunta 7 para más detalles. Los que logren adoptar antes que el hijo cumpla los dieciséis años, tendrán que presentar lo siguiente:

- Fotocopias de ambos lados de su tarjeta verde, si es residente legal, o partida de nacimiento o acta de naturalización, si es ciudadano estadounidense;
- Orden de adopción expedida por las autoridades civiles (no religiosas);
- La partida de nacimiento de su hijo adoptivo que, conjunto con la orden de adopción, reflejará que fue adoptado antes que cumplió los dieciséis años;
- Pruebas que su hijo ha estado bajo su custodia legal por siquiera dos años, y ha vivido con Ud. por siquiera dos años.

He aquí la definición de la custodia legal: El acto de asumir responsabilidad sobre un menor de edad, conforme a las leyes del país en cuestión, y bajo una orden judicial o bajo supervisión de una corte o entidad gubernamental.

9. *Adopté a mi hijo hace un año. Me concedieron la custodia legal un año antes de la adopción. ¿Podré contar con ese año (antes de la adopción) para comprobar que he tenido la custodia por los dos años requeridos?*

Sí. El tiempo que ha pasado bajo su custodia legal será suficiente para satisfacer este requisito. Si no tuvo la custodia legal antes de la orden de adopción, el plazo de dos años comienza desde la fecha de la orden.

10. *¿Cómo demuestro que mi hijo ha vivido conmigo por dos años?*

El S.I.N. quiere ver pruebas que Ud. es propietario o alquila el lugar que ha compartido con su hijo. Debe demostrar que Ud. le mantiene a el y que el está bajo su tutela. Ud. podrá presentar declaraciones de parte de personas que declaren que Ud. y su hijo han estado viviendo juntos. El S.I.N. querrá saber exactamente donde vive su hijo, para así determinar si todaví vive con los padres biológicos.

Después de la adopción, el hijo ya no podrá conferir ningún beneficio de inmigración a sus padres biológicos.

11. *Soy ciudadano estadounidense. Quiero adoptar a un niño huérfano que está en el extranjero. ¿Cómo lo hago, para después ayudarlo a obtener la tarjeta verde?*

Me alegra que sea ciudadano estadounidense, ya que solamente ciudadanos estadounidenses pueden hacer esto.

Le advierto que no sólo tendrá que adoptar a este niño antes que cumpla los dieciséis años, sino también tendrá que presentar una petición antes que cumpla los dieciséis años. Evite la decepción de lograr la adopción para después darse cuenta que su petición no puede ser aprobada porque no se puede presentar a tiempo.

12. *Según la ley de inmigración, ¿quién es un «huérfano»?*

A una persona se le considera huérfano/a a raíz de:

- La muerte de ambos padres;
- La desaparición de ambos padres;
- El abandono por parte de ambos padres;
- La separación o pérdida con relación a ambos padres; o
- Que el padre sobreviviente es incapaz de encargarse de el o ella, y le ha liberado, de manera irrevocable, para que pueda emigrar y ser adoptado.

La huérfana tiene que ser adoptada por un ciudadano estadounidense y su esposa, o por un ciudadano estadounidense soltero que ya ha cumplido los venticinco años de edad.

13. *¿Qué cualidades se necesita para adoptar a un huérfano?*

Los padres deben cumplir con los requisitos del país de origen. El S.I.N. querrá asegurarse que los padres adoptivos le brindarán el cuidado apropiado.

14. *En cuanto encontremos el niño que pensamos adoptar, ¿qué debemos hacer?*

Presente la planilla 1-600, la Petición para Clasificar a un Huérfano como Pariente Directo (Petition to Classify Orphan as Immediate Relative, en inglés), conjunto con $155 pagable a «Immigration and Naturalization Service.» Mande también una fotocopia de su partida de nacimiento o acta de naturalización para comprobar que es ciudadano estadounidense (y, si es soltero, que ha cumplido los veinticinco años de edad). El S.I.N. determinará todo lo relacionado a su petición:

- Si están capacitados para actuar como padres;
- Si se ha cumplido con los requisitos del estado en cuestión (si piensan adoptar después que el hijo entre a los Estados Unidos);
- Si su hijo/a es un/a huérfano/a bajo la ley de inmigración.

15. *¿Qué nos dice si pensamos viajar allá a ver si encontramos un/una huérfano/a para adoptar?*

Presente la planilla 1-600A, la Solicitud para la Tramitación Adelantada de una Petición para un Huérfano (Application for Advance Processing of Orphan Petition, en inglés), conjunto con $155 pagable a «Immigration and Naturalization Service.»

Mande también una fotocopia de su partida de nacimiento o acta de naturalización para comprobar que es ciudadano estadounidense (y, si es soltero, que ha cumplido los venticinco años de edad).

El S.I.N. determinará si están capacitados para actuar como padres, como si hubiera presentado la planilla 1-600. El S.I.N., si recibe tal pedido, enviará la aprobación a la oficina del consulado estadounidense o la oficina del S.I.N. en el extranjero.

Aviso importante: Después que le aprueben su petición en la planilla 1-600A y encuentre el hijo/a que quiera adoptar, todavía tendrá que presentar la planilla I-600. Además, todo eso tendrá que ocurrir antes que su hijo/a cumpla los dieciséis años. ¡No se olvide de este plazo!

16. *El niño que deseamos adoptar nació fuera del matrimonio, pero en un país donde no existe una distinción entre hijos nacidos dentro o fuera del matrimonio. Por lo tanto, según el S.I.N., este niño es «legítimo.» Pero no sabemos el paradero del padre. ¿Significa que no podré patrocinarlo, porque ambos padres no le han liberado para ser adoptado y después poder emigrar?*

No. Regulaciones instituídas por el S.I.N. en 1995 determinan que bajo estas circunstancias es apropiado reconocer a la madre como único pariente directo. Si la madre ha liberado incondicionalmente a un hijo para emigración o adopción, Ud. puede proceder de la manera que se describe en la Pregunta 15, y después presentar una petición de pariente directo para el niño.

13

Tramitación de Visas

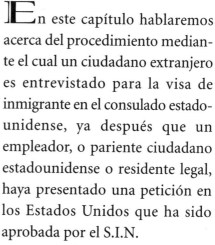

En este capítulo hablaremos acerca del procedimiento mediante el cual un ciudadano extranjero es entrevistado para la visa de inmigrante en el consulado estadounidense, ya después que un empleador, o pariente ciudadano estadounidense o residente legal, haya presentado una petición en los Estados Unidos que ha sido aprobada por el S.I.N.

Antes del 1o de octubre, de 1994, este paso era obligatorio para todos los que estaban en los Estados Unidos pero no podían ajustar su estado, ya porque entraron sin ser inspeccionados (cruzando la frontera ilegalmente), o porque fueron patrocinados por un residente legal pero habían violado su estado de no-inmigrante al prolongar su estadía o trabajar sin permiso.

Actualmente, a todos esos ciudadanos extranjeros, si se encuentran aquí cuando ya está una visa de inmigrante inmediatamente disponible, se les permite ajustar su estado a residente legal. Está previsto que este programa se terminará a partir del 1o de octubre, de 1997, salvo en caso de una extensión. En dado caso, volveremos a las normas que estaban en vigor antes del 1o de octubre, de 1994. Este capítulo se fijará en el curso actual, que estará en vigor hasta el 1o de octubre, de 1997.

---

1. *Estoy en los Estados Unidos actualmente y parece que pronto habrá una visa inmediatamente disponible para mi, y así podré ajustar mi estado. Pero, si quiero ver a mi familia, ¿podré regresar a mi país a ser entrevistado?*

Sí, pero si sale de los Estados Unidos para ser entrevistado en su país de origen, no podrá obtener la visa hasta que pasen noventa días desde su partida. No podrá ajustar su estado si ha permanecido más tiempo del permitido por el S.I.N. («overstay,» en inglés), a menos que sea un pariente directo. No podrá salir de los Estados Unidos para procesar una visa si ha permanecido más tiempo del permitido por el S.I.N. sin ser sujeto a la prohibición de re-admisión por tres o diez años.

2. *¿Existe alguna excepción a este requisito de esperar noventa días?*

Sí. Si a la fecha de su partida su estado de no-inmigrante está vigente, Ud. no está sujeto a este requisito.

3. *Soy ciudadano estadounidense y mi hija (que tiene menos de veintiún años y no está casada) se encuentra en el extranjero. El S.I.N. aprobó mi petición. ¿Qué tiene que pasar antes que ella pueda viajar a los Estados Unidos con una visa de inmigrante?*

En cuanto el S.I.N. apruebe su petición, le mandará la planilla I-797, Aviso de Acción (Notice of Action, en inglés), en la cual se informará que la petición será enviada al Centro Nacional de Visas (National Visa Center, en inglés), que se comunicará con Ud. tan pronto como el consulado estadounidense en el extranjero esté ya listo para proceder con su caso.

4. *¿Qué pasa después?*

Visto que una visa de inmigrante está inmediatamente disponible para su hija como pariente directo, el consulado estadounidense le mandará a Ud. por correo lo que se conoce como el paquete número tres, o pre-aviso. Este paquete contiene una solicitud para la visa de inmigrante, que tendrá que llenar y enviar al consulado rápidamente. Siendo el padre, tendrá a su disposición muchos de los datos necesarios para llenar la planilla. El paquete también contiene un listado de documentos que necesita obtener su hija. Tan pronto como obtenga los documentos indicados, tendrá que comunicarse con el consulado, para así dar a conocer que su hija está lista para ser entrevistada. Ya que su hija tiene los documentos necesarios, pida que le manden el paquete número cuatro (la solicitud para la visa que contiene la declaración de sostenimiento), conjunto con la fecha de la entrevista en el consulado.

5. *¿Qué documentos hay que obtener?*

Su hija necesita demostrarle al funcionario del consulado que Ud. tiene derecho a patrocinarla. Su hija debe presentarse a la entrevista con los originales y copias certificadas del acta de nacimiento de su hija (con su nombre como padre), y el acta de matrimonio de Ud. y su esposa. También deberá presentar una fotocopia certificada de su partida de nacimiento en los Estados Unidos o acta de naturalización.

Su hija también necesita un pasaporte y cuatro fotografías (aparte de la que contiene el pasaporte). El consulado requiere un examen médico y le dará una lista de clínicas y doctores autorizados para este propósito. También tendrá que obtener el examen que detecta si tiene el virus que causa el S.I.D.A. (si indica que es seropositiva, le podrán rechazar la entrada a los Estados Unidos). Tendrá que gastar alrededor de $60 por el exámen médico y el análisis de sangre. Además, tendrá que pagar $200 por la entrevista y la visa.

El exámen médico en el consulado ahora costará considerablemente más que antes, debido a que el solicitante de una visa de inmigrante debe ser vacunado contra una gran número de enfermedades que pueden ser prevenidas por una vacuna. El costo de las vacunas será alrededor de $250.

6. *Fui residente legal al presentar la petición, pero me convertí en ciudadano por medio de la naturalización durante el tiempo de espera. ¿Qué hago?*

Notifique de inmediato al Centro Nacional de Visas, y envíele una fotocopia de su acta de naturalización. Ellos le cambiarán de categoria a su hija de Preferncia 2A a Pariente Directo, que es más ligera, y así recibirá el paquete número tres pronto.

7. *En la entrevista, ¿querrán saber si mi hija es admisible?*

Sí. Las preguntas en la planilla que ella tendrá que llenar (la declaración bajo juramento) son semejantes a las que figuran en la solicitud de ajuste de estado.

Su hija tendrá que declarar, por ejemplo, que no ha cometido un delito que implique depravación moral, que no es terrorista, drogadicta o narcotraficante.

8. *Si mi hija es estudiante y no trabaja, o gana muy poco, ¿tendré que comprobar algo acerca del asunto de las cargas públicas?*

Seguramente. Tendrá que consultar las cifras del Departamento de Salud y Servicios Humanos en cuanto al nivel de la pobreza (vea Capítulo 4, Pregunta

21). Mediante la planilla I-864, la Declaración de Sostenimiento, debe intentar de convencer al funcionario del consulado que su ingreso, después de tomar en cuenta el sustento de todos sus familiares dependientes, no está cerca del nivel de la pobreza. Aparte de la salud y la delincuencia, el tema de las cargas públicas suele surgir como un estorbo muy común en la entrevista para visa.

Recuerde: No existe un permiso especial con relación a las cargas públicas. El obstáculo de la carga pública es ahora más prohibitivo, desde que la nueva ley de inmigración requiere que los posibles inmigrantes muestren que pueden ganar 125 por ciento sobre el nivel de pobreza, u obtener una declaración de sostenimiento que asegure lo anterior. Esta declaración será considerada como un contrato ejecutable, y la persona que lo presente puede ser demandada por la entidad gubernamental que provee beneficios, o por el inmigrante mismo, si esta declaración no se efectúa. Estos nuevos requerimientos seguramente cerrarán la puerta a muchos solicitantes que merecen la visa de inmigrante.

9. *Si le otorgan la visa, ¿cuándo debe mi hija viajar a los Estados Undos?*
La visa ahora será válida no por cuatro, sino por seis meses a partir de la fecha en que se expidió.

10. *¿A qué se parece?*
A diferencia de la visa de no-inmigrante, que se manifiesta como un sello en el pasaporte, la visa de inmigrante es un papel de tamaño común y corriente (8Ω por 11 pulgadas) que contiene su fotografía.

11. *¿Qué pasa en el puerto de entrada?*
La visa que le expedirán a su hija no le garantiza entrada a los Estados Unidos, y este aviso está imprimido en la visa misma.

Sin embargo, a lo menos que el Departamento de Estado descubra algo malo sobre ella, y se comunique con el S.I.N., el agente de inmigración en el puerto de entrada se preocupará de acertar que su hija es la misma persona que figura en el papel que contiene la visa, y le pondrá un sello en el pasaporte, dando a conocer que ya están preparando su tarjeta. La tarjeta verde plástica llegará por correo algunos meses después.

14

Como los Empleadores se Mantienen Dentro de la Ley

En este capítulo hablaremos acerca de los empleadores, que no solamente quieren ofrecer puestos a buenos trabajadores, sino evitar problemas con la ley de inmigración. Antes de la Ley para la Reforma y Control de la Inmigración (I.R.C.A., por sus siglas en inglés), que se adoptó en 1986, las cosas eran muy sencillas, es decir se contrataba a cualquier persona sin preocuparse si tenía permiso para trabajar.

Ahora es muy distinto. Los que contratan a trabajadores, sabiendo que estos no tienen permiso para trabajar, se exponen a multas de $250 por la primera infracción (por ejemplo saldría $2500 si se trata de diez empleados), o más si siguen violando la ley. Si existe una comprobada tendencia a violar la ley, también se pueden aplicar penas criminales.

Las preguntas y respuestas en este capítulo proponen advertir a los empleadores acerca de los problemas que suelen surgir si no prestan más atención a sus costumbres sobre el contrato y despido de trabajadores.

---

1. *Necesitamos una niñera. Conocemos a una ciudadana extranjera, pero no tiene permiso de trabajo. Si le contratamos, ¿nos pudiera perjudicar?*

Sí. No existe una excepción con relación a los que contratan a un solo trabajador, a lo menos que se trate de empleo esporádico. La ley le prohíbe ofrecer trabajo si el mismo es fijo y previsible (por ejemplo, una vez a la semana, cinco días a la semana).

Por el hecho que el personal del S.I.N. fija sus esfuerzos en empleadores con grandes números de trabajadores, quizás no muestren mucho interés en el patrón de una niñera. No obstante, se arriesga si emplea a esta niñera sin permiso de trabajo.

Aunque sea poco probable, alguien que le guarde rencor pudiera reportarle, y el S.I.N. le podrá multar a Ud. y sujetar a su niñera a procedimientos de deportación.

2. *Estoy en cargo de una fábrica pequeña, y siempre ando buscando a buenos obreros. Cuando entrevisto a alguien, ¿tengo que pedir que presente la tarjeta verde?*

No. Se supone que no comenzará preguntando si la persona tiene los papeles. Es más, no debe pedirle ningún documento hasta que haya decidido ofrecerle el puesto.

3. *¿Le puedo preguntar si tiene estado legal?*

No es una pregunta correcta, porque hay personas que tienen estado legal provisional que no pueden trabajar a tiempo completo, o no pueden trabajar en lo absoluto.

4. *Entonces, ¿qué le puedo preguntar?*

Ud. le puede preguntar lo siguiente: «¿Actualmente, puede trabajar legalmente a tiempo completo en los Estados Unidos?»

Esa pregunta es sana y producirá la respuesta necesaria. Si plantea esa pregunta, no podrán decir que constituye una «costumbre injusta» en cuanto al empleo por razones vinculadas a el estado de inmigración.

5. *¿Qué documentos debo pedir?*

Debe pedirle al solicitante que llene la sección 1 de la planilla 1-9, el Formulario para Verificar la Elegibilidad a Trabajar (Employment Eligibility Verification Form, en inglés). La persona tiene que presentar documentos que requiere la sección 1.

6. *Si le di el puesto a alguien hace muchos años, ¿todavía se necesita llenar la planilla 1-9?*

No. Si le contrató antes de la ley I.R.C.A. de 1986 el trabajador puede seguir en su puesto, y Ud. no tendrá que preocuparse de la planilla 1-9. Pero si renuncia, o Ud. le despide y después decide ofrecerle un puesto de nuevo, tendrá que tratarlo como si fuera un trabajador nuevo y llenar la planilla 1-9.

7. *Si contrato a alguien para componer el techo en mi casa, ¿tendré que llenar la planilla 1-9?*

No. Si contrata a alguien para hacer un trabajo y no ejerce dominio sobre la persona, a este se le conoce como un contratista independiente. Por lo tanto, Ud.no tendrá que llenar la planilla 1-9.

8. *Soy ama de casa. De vez en cuando le pido a alguien que recoja a mis niños de la escuela. ¿Necesito llenar la planilla 1-9?*

No. Ud. no tiene que llenar la planilla 1-9 con respecto a personas que hacen trabajos esporádicos o de vez en cuando.

9. *Necesito contratar a alguien. ¿Cuándo tengo que inspeccionar sus documentos?*

Debe ver los documentos dentro de tres días después de ofrecerle el puesto. También tendrá que averiguar si los documentos se ven genuinos (aunque no está obligada a investigar o pedirle al S.I.N. que investigue para confirmar si son legítimos) y se refieren al individuo que solicita el puesto.

10. *¿Qué más tengo que hacer?*

Tiene que llenar, y después firmar, la sección 2, el Reviso y Verificación del Empleador (Employer Review and Verification, en inglés).

11. *¿Qué documentos debe presentar el trabajador?*

Puede presentar un solo documento original que compruebe su identidad y elegibilidad a trabajar, o un documento original que compruebe su identidad, acompañado por otro que compruebe su elegibilidad a trabajar.

Si cierto documento tiene validez por plazo fijo, debe anotar la fecha en la cual se vence en la sección 2 de la planilla 1-9.

12. *Prefiero revisar las tarjetas verdes. ¿Puedo insistir que presenten la tarjeta verde, y que si no la presentan, no los contrataré?*

No. La ley es muy clara en este aspecto y indica que Ud. no puede elegir los documentos que deben presentar los trabajadores.

13. *¿Qué documentos sirven para comprobar ambas cosas, la identidad de la persona y la elegibilidad a trabajar?*

Esta es la lista de documentos necesarios para comprobar la identidad y elegibilidad para trabajar, noten que la lista ha sido considerablemente reducida directamente por las normas del S.I.N.:

- Pasaporte estadounidense (vigente o vencido)
- Tarjeta de Registro como Extranjero que esté vigente (tarjeta verde con fotografía. Form 1-551)
- Cualquier «otro documento» aprobado por el S.I.N. que tenga una fotografía como identificación (photo ID, en inglés), que provea evidencia de autorización para tratrabajar, y características de seguridad. Estos documentos serán descritos en regulaciones.

14. *¿Qué documentos sirven para comprobar la identidad de la persona?*

Si el solicitante de trabajo ha cumplido los dieciséis años de edad, puede presentar un documento de la siguiente lista:

- Un carnet de conducir, expedida por un estado, o un carnet de identidad, si contiene una fotografía;
- Un carnet de la escuela, si contiene una fotografía;
- Tarjeta de registro como votante;
- Tarjeta de las fuerzas armadas estadounidenses o registro de reclutamiento;
- Un carnet expedido por una agencia gubernamental federal, estatal, o municipal;
- Un carnet de dependiente de un militar;
- Un documento tribal indio americano;
- Tarjeta de registro como marinero mercante de los guardacostas estadounidenses;
- Un carnet de conducir, expedido por una entidad gubernamental del Canadá.

Si el solicitante de trabajo no ha cumplido dieciocho años, y no puede presentar lo arriba mencionado, podrá presentar lo siguiente:

- Un récord escolar o boletín de evaluación;
- Un récord de un doctor o hospital;
- Un récord de una guardería.

Si el solicitante no tiene ninguno de estos documentos, y no ha cumplido los dieciocho años, debe seguir los siguientes pasos:

- Los padres o el tutor (guardian, en inglés) deben llenar la sección 1 de la planilla 1-9, escribiendo «minor under 18» (es decir, menor de 18 años de edad) en el espacio designado para la firma del solicitante de trabajo;
- Los padres o el tutor deben llenar la parte que dice «Preparer/Translator certification» (es decir, certificación del preparador/traductor);
- El empleador, en la sección 2, escribe «minor under age 18» (es decir, menor de 18 años de edad) en el espacio al lado de «Document Identification.»

En cuanto a minusválidos que están participando en programas de rehabilitación, si es que agencias sin fines de lucro les están ayudando a obtener trabajo, podrán presentar los documentos señalados para los que no han cumplido dieciocho años. En vez de escribir «minor under 18» (menor de 18 años) tendrán que escribir «special placement» (es decir, colocación especial). Un representante de dicha agencia también puede llenar y firmar la planilla 1-9.

15. *¿Qué documentos sirven para comprobar la elegibilidad a trabajar?*
Para comprobar la elegibilidad para trabajar, la ley nueva requiere:
* Tarjeta del Seguro Social, a menos que contenga la frase «Not valid for emplyment purposes» (es decir, que «no es válida para propósitos de empleo,» y
* cualquier otro documento que el S.I.N. defina como aceptable (esta lista todavía no ha sido publicada).

16. *Siendo empleador, y por lo tanto siempre preocupado de no contratar a alguien que no tenga permiso de trabajo, sería mejor si pudiera exigir que presenten dos, tres, o más documentos. ¿Puedo hacerlo?*
No. Si pide más de lo mínimo que requieren las normas del S.I.N., esto constituye una «costumbre ilegal» en relación al empleo. Por ejemplo, si un residente legal le muestra un carnet de conducir como comprobante de su identidad, y una tarjeta de seguro social para comprobar su elegibilidad a trabajar, es suficiente. Si Ud. se opone a contratarlo a menos que traiga más documentos, el podrá presentar una querella en la Oficina del Abogado Especial (Office of Special Counsel), y exigir que le contrate y obtener los atrasos. Vea el capítulo 17 sobre la discriminación en empleos. ¡No deje que le pase esto!

15

¿Le Puede Ayudar a Ud. su Empleador?

Hoy en día es más difícil para su empleador ayudar a un ciudadano extranjero a obtener la residencia legal. Si es indocumentado, es casi imposible. Esto es debido a que la Ley para la Reforma y Control de Inmigración de 1986 permite que se imponga sanciones a los empleadores. La ley les prohíbe contratar a personas que no tengan permiso de trabajo en los Estados Unidos.

El empleador está obligado a revisar los documentos de cada posible trabajador para verificar su identidad y elegibilidad a trabajar (vea capítulo 14). Si no revisa los documentos, o si contrata a alguien que no tenga permiso para trabajar, el empleador se expone a una multa, que será aun más alta si sigue violando la ley.

Las posibles sanciones han interrumpido la antigua costumbre de pedir la certificación de trabajo al Departamento de Trabajo de los Estados Unidos por parte de alguien que aún no tenía permiso de trabajo y después presentar una petición al S.I.N. para obtener la tarjeta verde. Si la solicitud para la certificación de trabajo indica que se ha contratado a un trabajador que no tiene permiso de trabajo (por ejemplo, alguien que llegó con visa a corto plazo y después prolongó su estadía más allá de lo permitido por el S.I.N., o entró sin ser inspecccionado), el Departamento de Trabajo tiene la obligación de reportar dicha información al S.I.N. Por su parte, el S.I.N. podrá multar al empleador y sujetar al ciudadano extranjero a procedimientos de deportación.

Por lo tanto, la mayor parte de este capítulo consiste de preguntas planteadas por ciudadanos extranjeros que todavía tienen estado válido y que quieren convertirlo a residente legal, o están en el extranjero y buscan como inmigrar a los Estados Unidos.

Tome en cuenta que no puede intentar este proceso por su propia cuenta: se necesita un buen abogado de inmigración que represente a su empleador. Es el posible empleador, no Ud., que está obligado a demostrar al Departamento de Trabajo, y después al S.I.N., que le necesitan a Ud. para el puesto en cuestión, que Ud. no le está quitando un puesto a un trabajador estadounidense, y que Ud. está capacitado para la visa que ha solicitado.

---

1. *Gané una medalla de bronce en el patinaje artístico en las últimas olimpiades invernales. Me gustaría ir a los Estados Unidos para ejercer mi profesión. ¿Podré hacerlo?*

Sí. Un ganador de una medalla de bronce en las olimpiadas está incluido en ese pequeño grupo de ciudadanos extranjeros con aptitud extraordinaria, y podrá, por su propia cuenta, presentar una petición al S.I.N. para obtener la tarjeta verde. Es más, cualquier persona, incluso un posible empleador, puede presentar una petición de su parte.

Lo que significa es que el Tío Sam está ansioso por su llegada. Si su aptitud es de calibre tan avanzada, su trabajo mejorará la economía estadounidense, y aumentará nuestro prestigio nacional.

2. *¿Basta con mandar una fotocopia de mi premio olímpico para obtener la tarjeta verde?*

No es tan sencillo. Tendrá que demostrar que ha recibido elogios por su éxito por cierto tiempo (no por chiripa).

Para alcanzar a ganar una medalla de bronce, sin duda tuvo que ganar otros juegos de competición. Por lo tanto, debe presentar estos elogios, como también pruebas que ganó la medalla olímpica.

3. *¿Tendré que demostrar que soy famoso en el mundo entero?*

Ya lo és, si ganó una medalla olímpica. Para obtener la visa por su aptitud extraordinaria, basta si los elogios que ha recibido son de carácter nacional o internacional. Es decir, tal vez ya tenía derecho a la visa cuando ganó el campeonato nacional, antes de participar en las olimpiadas.

4. *¿Qué planilla debo presentar?*

Presente la planilla I-140, la Petición de Inmigrante para un Trabajador Extranjero (Immigrant Petition for Alien Worker, en inglés), conjunto con $75 pagable a «Immigration and Naturalization Service.»

5. *¿A dónde mando la petición?*

Mande la petición al Centro Regional del S.I.N. que se encarga de asuntos en el área donde se le contratará (o, en su situación, donde trabajará por su propia cuenta). Para la dirección pertinente, vea las instrucciones en la planilla.

6. *¿Esta opción existe solamente para atletas campeones?*

No. La visa basada en la aptitud extraordinaria es para quien pertenezca a uno de cinco campos. Los cinco campos, como recordará la discusión acerca de los trabajadores no-inmigrantes en la pregunta 95 del capítulo 3, son: la ciencia, las artes, la educación, los negiocios, y el atletismo.

7. *¿Qué pruebas tengo que presentar para satisfacer al S.I.N. que tengo aptidud extraordinaria?*

Debe presentar pruebas que le concedieron premios y que sus semejantes le estiman mucho a Ud. Si le han concedido premios de dinero, sería importante demostrar que su logro extraordinario ha sido bien recompensado en el mercado.

Si trabaja en las artes teatrales, desafortunadamente la aclamación de la crítica no basta. El S.I.N. necesita comprobar que Ud. ha tenido éxito comercial, algo que se juzga por las ventas en la taquilla o la cantidad de discos vendidos. El artista que tenga aclamación de la crítica, pero no mucho éxito comercial, tendrá dificultad en convencer al S.I.N. que es extraordinario.

8. *Aparte de personas con aptidud extraordinaria, ¿otorga la ley una exención especial a otras clases de trabajadores de calibre avanzado?*

Sí. Recordemos que la exención significa que el empleador no tiene que presentar la solicitud para la certificación de trabajo y después esperar hasta que la llamada fecha de prioridad esté vigente antes de poder presentar la petición en la planilla I-140 al S.I.N.

Los otros trabajadores que no necesitan la certificación de trabajo son los profesores e investigadores destacados y los gerentes y ejecutivos multinacionales.

Por lo visto, el Congreso estima que los Estados Unidos necesita a estos trabajadores para retener su lugar en la economía mundial.

9. *¿Cómo demuestro ser un profesor destacado?*

Presente mucha documentación de sus clases, su servicio a la universidad, publicaciones, y la aclamación de sus semejantes en su campo de especialidad.

La naturaleza del puesto debe ser tal y cual que la ejecución satisfactoria del mismo conducirá a un puesto de por vida (tenured position, en inglés) en dicha universidad. También tendrá que demostrar que ha enseñado en el campo en el cual se ha destacado por siquiera tres años.

10. *¿Cumplo con este requisito si enseñe por tres años, mientras estudiaba para un grado superior?*

Sí. Siempre y cuando demuestre que obtuvo el grado superior, y que tuvo plena responsabilidad de los cursos que enseñó.

11. *¿Se requiere algo diferente de un investigador destacado?*

No es necesario que la naturaleza del trabajo indique que conducirá a un puesto de por vida, aunque no debe haber una fecha fija para que se termine. Debe haber una expectativa que si desempeña el trabajo de manera satisfactoria, se le ofrecerá un puesto permanente. También debe demostrar que tiene al menos tres años de experiencia desempeñando investigaciones a un nivel avanzado.

12. *Trabajé de gerente en una empresa grande en mi país el año pasado. ¿Podré obtener la visa y después buscar un puesto de gerente en los Estados Unidos?*

No. Debe demostrar, en primer lugar, que trabajó de gerente o ejecutivo por siquiera un año en los últimos tres años. Además, debe demostrar que trabajará con la misma empresa multinacional en los Estados Unidos, o con su filial.

O sea que debe seguir con la misma empresa: no tendrá derecho a la visa si trabaja con otra empresa.

13. *Trabajé por un año con la visa L-1 (para gerentes o ejecutivos). ¿Sirve esta experiencia para satisfacer el requisito mencionado arriba?*

Sí. Si trabajó por un año con el estado de no-inmigrante L-1, podrá utilizar esta experiencia para satisfacer el requisito.

14. *¿A cuántas personas se le expiden estas visas?*

Tomando en cuenta todas las visas que no requieren la certificación de trabajo (las personas de aptitud extraordinaria en cinco campos de especialidad, los profesores e investigadores destacados, y los gerentes o ejecutivos multinacionales), se trata de 40,000 al año, que incluye cónyuges e hijos (menores de veintiún años de edad que no estén casados).

15. *¿Cómo se les conocen a estos trabajadores?*

Son conocidos como trabajadores prioritarios, y están dentro de la Primera Preferencia de Trabajos.

16. *Si estoy capacitado para esta especie de visa, ¿cuánto tiempo tendré que esperar hasta que me la expidan?*

Será ligero. El Departamaneto de Estado publica información sobre las preferencias de trabajo. La primera preferencia ha estado constantemente vigente, que significa que no existe un tiempo de espera para solicitar la visa. En cuanto el S.I.N. revise la petición de su empleador, adjudicará la misma y le expedirá la visa.

17. *¿Qué puedo solicitar si no tengo derecho a esta especie de visa?*

Existe otra categoría, para ciudadanos extranjeros que tengan grados avanzados o su equivalente, o aptitud excepcional en uno o tres campos: la ciencia, las artes, o los negocios.

18. *¿Qué pasó con los campos de la educación y el atletismo?*

Por razones desconocidas no se incluyeron a estos dos campos en esta categoría más baja. Si pertenece a uno de estos campos, pida a su abogado que trate de convencer al S.I.N. que Ud. tiene aptitud extraordinaria y que, por lo tanto, pertenece a la primera preferencia.

19. *¿Qué nombre tiene esta categoria?*

Se le conoce como la Segunda Preferencia.

20. *¿Cuántas visas están disponibles en dicha categoría?*

La misma cantidad que en la Primera Preferencia, es decir 40,000 al año, que incluye a cónyuges e hijos (menores de veintiún años de edad que no estén casados).

21. *Si tengo derecho a una visa en esta categoría, ¿cuánto tiempo tendré que esperar?*

Antes que nada, su empleador tendrá que presentar una solicitud para la certificación de trabajo por parte suya, y la aprobación de esta pudiera demorarse un año o más.

Después de la aprobación del Departamento de Trabajo, su empleador podrá, en la mayoría de los casos, presentar la petición para la visa sin mayor atraso.

22. *¿Existe alguna desventaja en esta categoría más baja?*

Sí. Tiene que superar dos estorbos en esta categoría que no existen en la Primera Preferencia.

El primero es el requisito de presentar una solicitud para la certificación de trabajo al Departamento de Trabajo de los Estados Unidos. En segundo lugar, la ley le obliga a su empleador convencer al S.I.N. que su entrada beneficiará, de manera importante, a la economía, el bienestar, o intereses culturales o educacionales estadounidenses.

23. *¿Cómo se demuestra esto?*

Aquí su abogado debe emplear imaginación y creatividad.

Es parcialmente cuestión del sentido común. ¿En qué trabaja Ud.? ¿Cómo es que su trabajo mejorará la condición del pueblo o la ciudad en donde trabajará? ¿Qué se necesita hacer en la comunidad en donde vivirá en los Estados Unidos? ¿En qué sentido ayudarán sus esfuerzos a dicha comunidad?

Las respuestas dependen en los planes y proyectos que Ud. piense realizar, y esperemos que el S.I.N. estime que Ud. tiene algo positivo que aportar. Si es, por ejemplo, director de una orquesta sinfónica, ¿visitará secundarias, y ensayará con sus orquestas? Su empleador también debe adjuntar a la petición declaraciones de personas que han de beneficiarse de su presencia y actividades.

24. *En cuanto a trabajadores en la Segunda Preferencia, ¿que pasa por un equivalente a un grado avanzado?*

Tendrá derecho a esta categoría si es licenciado en letras o ciencias y tiene siquiera cinco años de experiencia avanzada en la profesión.

25. *Estoy tratando de obtener un puesto de profesor de química en la universidad. Pero tengo entendido que necesito un doctorado. Soy licenciado con maestría en ciencias y llevo cinco años enseñando. ¿Es esto equivalente al doctorado?*

No, y por lo tanto no tiene derecho a la visa.

Existe una norma especial en cuanto al doctorado. Si se necesita el doctorado para ejercer en su profesión, debe obtenerlo para demostrar que tiene derecho a la visa en la Segunda Preferencia. La maestría en ciencias, más cinco, o hasta diez años, de experiencia no son suficientes. Así es que, ¡obtenga el doctorado!

26. *He realizado investigaciones importantes acerca del S.I.D.A., y me conocen como una autoridad en este campo. Por la importante naturaleza de mi trabajo, ¿podré obtener la visa de Segunda Preferencia, aunque no tengo una oferta de trabajo actualmente?*

Probablemente. Generalmente, se necesita una oferta de trabajo y la certificación de trabajo para obtener la visa en la Segunda Preferencia. Pero la Fiscal General (en realidad, el S.I.N.) puede otorgar un permiso especial con relación a estos requisitos, si le conviene al país (national interest waiver, en inglés).

Para obtener un permiso especial de esta naturaleza, se debe demostrar algo más que un beneficio económico. Visto la crisis que representa el S.I.D.A., Ud. tal vez sea un buen candidato para este permiso especial. La cura del S.I.DA. representaría un beneficio enorme, humanitario como también económico, a los Estados Unidos.

27. *Tengo un grado avanzado. Pero solo me han ofrecido un puesto de profesor en una secundaria. ¿Tengo derecho a la visa en la Segunda Preferencia?*

No. No tiene derecho a esta visa si la oferta de trabajo no requiere que el trabajador tenga un grado avanzado o su equivalente.

Aunque afirme que su trabajo en la secundaria beneficiará de manera importante el sistema educativo estadounidense, no podrá obtener la visa en esta categoría.

28. *Entonces, ¿a qué visa tengo derecho?*

Veamos a la Tercera Preferencia, que incluye:

- Personal profesional (licenciatura y un trabajo que requiera la misma);
- Trabajadores cualificados (con siquiera dos años de formación o experiencia);
- Otros trabajadores (menos de dos años de formación o experiencia).

Ud. tendrá derecho a la visa como un profesional: tiene la licenciatura (en realidad, tiene hasta un grado más avanzado) y presuntamente su puesto en la secundaria requiere por lo menos la licenciatura.

29. *¿Cuántas visas se expide en esta categoría?*

La misma cantidad que en la Primera y Segunda Preferencias, es decir 40,000, que incluye a cónyuges e hijos (menores de veintiún años que no estén casados).

Sin embargo, no se trata igual a estos trabajadores. El Congreso no se preocupó de la gente con habilidad básica, que incluye a los niñeras que cuidan a niños o ancianos estadounidenses. Solamente 10,000 al año están disponible para estos, los «otros trabajadores.»

30. *Si tengo derecho a la visa en la Tercera Preferencia, ¿cuánto tiempo tendré que esperar?*

Con respecto a todos los trabajadores en la Tercera Preferencia, el empleador tendrá que presentar una solicitud para la certificación de trabajo, y la adjudicación de la misma puede demorar un año o más.

Si la solicitud para la certificación de trabajo es aprobada, he aquí la información pertinente a las tres clases de trabajadores (fiable a la fecha de imprenta):

- Gente profesional: actualmente no existe plazo de espera, aunque procesar los papeles demorará varios meses);
- Trabajadores cualificados: no existe plazo de espera, aunque procesar los papeles demorará varios meses;

• Otros trabajadores: no hay visas disponibles en esta categoría.

Aviso: proyectos de ley en el Congreso en 1996 piensan eliminar la categoría de «otros trabajadores» en absoluto.

31. *Siempre me ha interesado la religión, y pertenecí a una iglesia en mi país. ¿Tengo derecho a una visa para trabajar con una iglesia en los Estados Unidos?*

Sin más detalles en su historial, la respuesta es «No.»

A los pastores y trabajadores religiosos se les conoce como inmigrantes especiales, y ellos ocupan la Cuarta Preferencia. Hay 10,000 visas disponibles al año en esta categoría, que incluye a cónyuges e hijos (menores de veintiún años que no estén casados). A diferencia de los pastores, los trabajadores religiosos no pueden recibir más de 5,000 visas en ningún año.

Para obtener esta visa, se necesita comprobar que, por siquiera dos años antes de su solicitud de entrada, había pertenicido a una confesión religiosa, la cual existe en los Estados Unidos como organización religiosa de buena fe y sin fines de lucro.

El solicitante también tendrá que demostrar que piensa entrar a los Estados Unidos con el único objetivo de llevar a cabo el trabajo de pastor o de trabajador religioso para la misma organización religiosa. O sea que no podrá utilizar estos dos años de experiencia en su país para trasladarse a una organización distinta en los Estados Unidos.

32. *Me han dicho que seguirán dando visas a pastores, pero que las visas a los trabajadores religiosos se retirarán progresivamente. ¿Es verdad?*

Aunque estaba previsto a vencerse el 1o de octubre, de 1994, el Congreso prolongó esta cláusula de la ley hasta el 1o de octubre, de 1997.

Las visas a trabajadores religiosos efectivamente fueron suspendidas a partir del 30 de septiembre, de 1997. Tanto el S.I.N. como el Departamento de Estado están tratando de procesar, a la mayor brevedad posible, los casos pendientes llevándolos hacia una resolución.

33. *¿Cómo solicito esta visa?*

Ud., o la organización que le contrató, presenta la planilla 1-360, la Petición para una Asiáticoamericano, Viudo(a) o Inmigrante Especial, conjunto con $80 pagable a «Immigration and Naturalization Service.»

34. *¿Una persona adinerada puede «comprar» la tarjeta verde?*

No, pero se a qué se refiere. La Ley de Inmigración de 1990 adoptó una nueva visa, llamada visa de empresario, también conocida como la «visa de millonario.»

Estas visas están disponibles a quienes estén dispuestos a invertir por lo menos un millón de dólares en una empresa que contrate siquiera diez trabajadores de los Estados Unidos (principalmente, ciudadanos estadounidenses y residentes legales). Esta categoría permite expedir hasta 10,000 visas, que incluye a cónyuges e hijos (menores de veintiún años de edad que no estén casados). Si la persona interesada piensa establecer una empresa en una región que sufre de un alto nivel de desempleo, la cifra que tendrá que invertir será medio millón de dólares.

Aunque esta cláusula de la ley ha estado en vigor desde 1990, pocos millonarios o semimillonarios han mostrado interés en ella.

La visa de empresario es la Quinta Preferencia.

35. *¿Qué planilla se debe presentar, y cuánto hay que pagar?*

Se debe presentar la planilla 1-526, la Petición de Inmigrante por parte de un Empresario Extranjero, conjunto con $155 pagable a «Immigration and Naturalization Service.»

16

Certificación de Trabajo

La certificación de trabajo se refiere al proceso mediante el cual un empleador demuestra al estado y al Departamento de Trabajo de los Estados Unidos que la contratación de personal extranjero no perjudicará a los trabajadores en los Estados Unidos. El empleador, no el trabajador, presenta la solicitud y, con la ayuda de un buen abogado de inmigración, se encarga del trámite de los papeles con el Departamento de Trabajo.

A menos que Ud. sea un trabajador prioritario, ni Ud. ni su empleador pueden presentar la petición al S.I.N. directamente. Su empleador primero tendrá que presentar una solicitud al Departamento de Trabajo. Después que esta sea aprobada, algo que puede tardar hasta un año o más, el empleador presenta la petición al S.I.N. por parte suya para obtener la tarjeta verde.

Este proceso es complejo, y requiere la ayuda de un buen abogado de inmigración. No lo debe intentar por su propia cuenta. Lo que sigue es solamente un resumen, y por lo tanto no es lo mismo que el consejo de un abogado.

---

1. *¿Se puede brincar este paso y presentar una petición directamente al S.I.N.?*

Si es un trabajador prioritario, su empleador no tendrá que obtener la certificación de trabajo para Ud. Si se encuentra en un nivel más bajo (la Segunda Preferencia), pero logra convencer al S.I.N. que su presencia beneficiará al país, quizás no tendrá que obtener una oferta de trabajo ni la certificación de trabajo (vea capítulo 15).

Con respecto a gente común y corriente, sin embargo, el empleador está obligado a solicitar la certificación de trabajo.

2. *Si entré sin ser inspeccionado y no tengo permiso para trabajar, ¿será posible obtener la certificación de trabajo?*

Diez años atrás le hubiera contestado que «Sí, si está capacitado.» Desde el 1986, después de aprobarse la ley de sanciones contra los empleadores, la respuesta es «no, a menos que su empleador esté dispuesto a arriesgarse a que le multen por contratar a alguien que no tiene permiso de trabajo.»

La nueva ley de inmigración enuncia que una persona que ha entrado sin inspección (EWI, por siglas para «entered without inspection» en inglés) no es admisible, y solamente puede tocar en la reja pidiendo entrar. Esto crea muchas dificultades para que esa persona obtenga la residencia legal. A menos que lo haga por medio del matrimonio a, y una petición por, un(a) ciudadano(a) estadounidense. Aún así, esa persona tendría que regresar a su país de origen para procesar una visa, y por lo tanto confrontar la prohibición de re-admisión por tres o diez años.

3. *¿Porqué se necesita informarle al S.I.N. y al Departamento de Trabajo que entré sin ser inspeccionado?*

Su empleador tendrá que presentar la planilla ETA 750A/B, la Solicitud para la Certificación de Trabajo con relación a un Extranjero (Application for Alien Employment Certification, en inglés). La pregunta número 3, en la parte A, titulada Offer of Employment (es decir, Oferta de Trabajo), requiere que de a conocer su clase de visa, si Ud. está en los Estados Unidos. Su empleador desafortunadamente no puede declarar que Ud. tiene visa. Si su empleador da una respuesta falsa, le pudieran encausar.

Si el empleador declara «E.W.I.» (Entered Without Inspection, o sea que Ud. entró sin ser inspeccionado), el Departamento de Trabajo está bajo obligación de informar al S.I.N. Si el S.I.N. emprende una investigación le podrán multar al empleador, y a Ud. le podrán sujetar a procedimientos de deportación.

4. *Yo solicité asilo y mi caso está pendiente. Tengo el permiso de trabajo. ¿Podrá mi empleador presentar una solicitud para la certificación de trabajo por parte mía?*

Sí. El empleador responde a la Pregunta 3, en la Parte A de la planilla, colocando el número del Código de Normas Federales que aparece en su permiso de trabajo (planilla I-688B).

Visto que su pedido de asilo estará pendiente por más de un año, y Ud. mantendrá vigente su permiso, tendrá autorización para trabajar mientras se procesa la solicitud para la certificación de trabajo.

5. *¿Qué se debe demostrar al Departamento de Trabajo para que este apruebe la solicitud para la certificación de trabajo?*

Que en contratarle a Ud. no significa que le quitarán un puesto a un trabajador estadounidense.

6. *¿Quién pasa por un trabajador estadounidense?*

Para estos propósitos, un trabajador estadounidense se refiere a un ciudadano estadounidense, residente legal, o alguien que ha sido otorgado asilo. El Departamento de Trabajo trata de proteger los trabajos de todas estas personas.

7. *¿No solo se preocupa de los trabajadores ciudadanos estadounidenses?*

Correcto. El Departamento de Trabajo también se preocupa de proteger los derechos de todo ciudadano extranjero que tenga permiso para trabajar en los Estados Unidos permanentemente.

8. *¿Cómo comprueba mi empleador que no estoy quitando un puesto a un trabajador estadounidense?*

El empleador coloca un anuncio en un periódico y le informa al Departamento de Trabajo estatal para que este de a conocer que existe un puesto disponible.

He aquí la pregunta clave: ¿Existe un trabajador estadounidense que está capacitado y disponible a ejercer el puesto a la fecha y en el lugar indicado? Si se comprueba que existe tal trabajador estadounidense, el Departamento de Trabajo tendrá que denegar la solicitud.

9. *¿No otorgarán la solicitud para la certificación de trabajo si estoy mejor capacitado?*

No necesariamente. Generalmente no se requiere que el trabajador estadounidense esté más capacitado, sino que tenga lo mínimo requerido para ejercer el puesto.

10. *¿Existe una excepción a esta regulación?*

Sí. Existe una norma especial para ciertos trabajadores ciudadanos extranjeros. Si se trata de personal docente, o personas con aptitud excepcional en las ciencias o las artes, el trabajador estadounidense debe poseer más de lo mínimo necesario para ejercer el puesto: debe estar siquiera capacitado como Ud. Si la persona solamente posee lo mínimo, le otorgarán la certificación de trabajo a Ud.

11. *Supongamos que le aprueban la solicitud a mi empleador y logro obtener la certificación de trabajo. ¿Significa esto que ya puedo trabajar legalmente?*

No significa eso. Tal vez le sorprenda saber que la aprobación de la solicitud no le autoriza a trabajar. Podrá obtener el permiso de trabajo solamente después que su fecha de prioridad esté vigente, su abogado presente la planilla I-140, y le ajusten su estado o Ud. sea admitido al país como un inmigrante.

La fecha en la cual el Departamento de Trabajo recibe su solicitud consta como su fecha de prioridad. Por lo tanto, es importante enviar los papeles por correo certificado, pidiendo el comprobante de recibo de los papeles. El plazo de tiempo que tendrá que esperar hasta que su fecha de prioridad esté vigente, ya sea poco o mucho, depende de la naturaleza de su trabajo.

12. *Una vez con la certificación de trabajo, ¿qué hago para que me den el permiso de trabajo?*

Su abogado tendrá que consultar el boletín publicado por le Departamento de Estado, para así averiguar si hay visas disponibles. Cuando su fecha de prioridad esté vigente, su empleador presenta la petición en la planilla I-140, conjunto con $75 pagable a «Immigration and Naturalization Service.» Envíe también una fotocopia de la aprobación de la certificación de trabajo.

El S.I.N., por su parte, también decidirá si Ud. tiene derecho a la visa en la categoría bajo cual le otorgaron la certificación.

13. *He trabajado de niñera este último año con una familia estadounidense. Ellos tienen dos niños. ¿Podrá mi patrón ayudarme a obtener la certificación de trabajo y después la tarjeta verde?*

Será útil distinguir los dos temas de esta pregunta: primero, si podrá obtener la certificación de trabajo; y después, si está dispuesta a esperar hasta que su fecha de prioridad esté vigente para que su empleador pueda presentar la petición y así ayudarle a obtener la tarjeta verde.

Hablemos acerca de la certificación de trabajo primero. Para obtener la certificación de trabajo como niñera (conocida bajo la ley como *trabajadora doméstica de la casa* (household domestic service worker, en inglés), un título poco justo, tendrá que demostrar que ya había trabajado de niñera por siquiera un año a tiempo completo. Parece que Ud. cumple con este requisito.

Si su empleador pone un anuncio para una niñera, y ofrece un sueldo razonable, es muy probable que un trabajador estadounidense muestre interés, especialmente en estos tiempos. Ya bien sabemos que el trabajador estadounidense no tiene que poseer sus características, ni ser del agrado de los niños, como lo es Ud. Solo necesita tener lo mínimo requerido. Y si tiene eso, no le otorgarán la certificación de trabajo a Ud.

Por eso, tal vez tendrá más posibilidades si vive en la casa de su patrón, por que resulta más difícil encontrar a un trabajador estadounidense que esté dispuesto a vivir en la casa de un patrón. Si puede hacerlo y está dispuesta a vivir en la casa de su patrón, este tendrá que demostrar al Departamento de Trabajo que dicho requisito constituye *una necesidad del oficio* (business necesity, en inglés), en realidad, que es necesario para mantener el hogar en orden. Su patrón podrá comprobar esto si, por ejemplo, trabaja muchas horas, su horario no es previsible y sus obligaciones requieren que el, o su esposa, tengan que salir frecuentemente. Bajo estas circunstancias, que por cierto tendrá que demostrar por medio de documentación y declaraciones, es obvio que se necesita a alguien que cuide los niños cuando ellos no puedan estar en casa. Por lo tanto, podrá comprobar que es necesario que la empleada viva en la casa.

Está de más decir que no podrá hacer este trámite por su propia cuenta. Ud., y su patrón, necesitan la ayuda de un buen abogado de inmigración, que sabrá como enfrentarse a todos los variables de la certificación de trabajo.

14. *Si tenemos éxito y me dan la certificación de trabajo, ¿cuánto tiempo tengo que esperar para obtener la tarjeta verde?*

Ahora tengo que darle una mala noticia. Por que la naturaleza de su trabajo requiere poca formación o experiencia (aunque la ley no toma en cuenta las características importantes que requiere este trabajo), Ud. está dentro de la categoría de los «otros trabajadores,» quienes tienen disponible solo 10,000 visas al año.

El boletín del Departamento de Estado mencionado arriba actualmente indica que tendrá que esperar entre 4Ω a 9 años antes que su fecha de prioridad esté vigente. La pregunta clave, por lo tanto, es: «¿Será necesario que, para tal fecha, Ud. viva en la casa, cuando los niños ya sean más independientes?» Tome en cuenta que ni el S.I.N. ni el Departamanto de Estado le expedirán la visa a menos que las condiciones del trabajo sean las mismas descritas en la solicitud para la certificación de trabajo.

Estos trabajadores, más que otros, inclusive los que trabajan con la alta tecnología y nos ayudan a mantener el lugar en el mercado comercial, contribuyen al bienestar de la familia estadounidense. Pero, desafortunadamente, la ley no les favorece, y quizás se sacrificarán trabajando para una familia sin que llegue el día que sus esfuerzos sean justamente recompensados.

Aviso: proyectos de ley en el Congreso en 1996 piensan eliminar la categoría de «otros trabajadores,» que incluye a niñeras.

17

Como Evitar la Discriminación en Empleos

La Ley para la Reforma y Control de Inmigración de 1986 (I.R.C.A., por sus siglas en inglés) prohibió la contratación de trabajadores que no sean ciudadanos estadounidenses, residentes legales, o personas con permiso de trabajo. Las posibles sanciones a los empleadores que contratan a ciudadanos extranjeros sin permiso de trabajo han complicado las vidas de estos trabajadores. Hay que reconocer que el propósito de esta ley es de disuadir a que ellos vengan aquí inicialmente y forzar a los que estén aquí a regresar a sus países.

Esta ley también contiene una cláusula, escrita con la intención de promover la imparcialidad y proteger los derechos de los documentados, que les permite a estos trabajadores demandar a empleadores que no contratan, o que despiden, a ciertas personas porque «parecen ser,» o se «comportan» como «extranjeros.» Este capítulo le explicará que debe hacer si un empleador viola sus derechos.

---

1. *Si no tengo derecho a trabajar en este país, ¿me protege esta ley?*

No. Esta cláusula no será útil si no tiene derecho a trabajar en los Estados Unidos. Quizás tenga recurso a otras leyes federales, que protegen a trabajadores sin tener en cuenta si son documentados o no.

2. *¿Qué conducta por parte de un empleador es injusta?*

La ley protege contra la discriminación en la contratación, la suspensión, y la selección de trabajadores.

3. *¿Qué pasa si me contrata, pero, por mi acento, mi jefe no me eleva a un puesto mejor?*

La ley le protege de cierta conducta relacionada a la contratación y suspensión, no la ascensión dentro del trabajo.

4. *¿Existe otra ley que me protege?*

El título VII de la ley de los Derechos Civiles de 1964 prohíbe la discriminación a raíz de su origen nacional, y esta ley no sólo cubre la contratación y suspensión, sino también la ascensión de trabajadores. Sin embargo, esta ley se aplica solo a empleadores con quince o más trabajadores. Por lo tanto, no le protegerá si su empleador tiene un negocio pequeño.

5. *He sido víctima de la discriminación. ¿Podré recurrir a esta ley, que impone sanciones a los empleadores, como también a la otra ley federal?*

No. Ud. tendrá que elegir entre ellas. La ley de las sanciones se aplica a todo empleador con más de tres trabajadores, pero no trata con la ascensión dentro del trabajo. La otra ley sí cubre la ascensión dentro del trabajo, pero no se aplica a empleadores con menos de quince trabajadores.

6. *¿La ley contra la discriminación en empleos protege al ciudadano estadounidense como también al residente legal?*

Sí. La ley prohíbe la discriminación a raíz de su ciudadanía u origen nacional. Un empleador no puede negarse a contratar a un trabajador porque este es residente legal en vez de ser ciudadano estadounidense, o porque es ciudadano estadounidense en vez de ser residente legal.

7. *¿Se puede preferir a contratar a ciudadanos estadounidenses en vez de residentes legales?*

Sí, siempre y cuando estén igualmente capacitados. Pero, porque resulta muy difícil declarar con certeza que alguien está «igualmente capacitado,» los empleadores deben tener mucha cautela. Además, la tendencia a preferir ciudadanos estadounidenses violará el Título VII de la ley de 1964 si es un «pretexto» para practicar la discriminación basada en el origen nacional.

8. *¿Y si el residente legal está mejor capacitado?*

La ley le permite contratar al ciudadano estadounidense si:

* Es necesario para cumplir con una ley federal, estatal, municipal o un mandato presidencial;
* Es necesario para cumplir con un contrato del gobierno federal, estatal o municipal; o
* La Fiscal General determina que la contratación de un ciudadano estadounidense es indispensable para que un empleador cumpla con sus obligaciones con agencias gubernamentales federales, estatales, o municipales.

9. *¿La ley que prohibe la discriminación se aplica a todos los empleadores?*

Sí, a menos que tengan tres empleados o menos.

10. *Si pienso que no me contrataron por mi facha de extranjero, ¿qué podré hacer al respecto?*

Ud. podrá presentar una queja a la Oficina del Abogado Especial (Office of Special Counsel, en inglés).

11. *¿Cuándo debo presentar la queja?*

Tendrá que hacerlo dentro de 180 días (seis meses) desde que ocurrió el incidente (cuando le comunicaron que no le contratarían, o que le iban a suspender).

12. *¿Será necesario acudir a un abogado?*

Ud. puede presentar su queja por su propia cuenta, aunque un abogado le ayudará a proteger sus derechos.

13. *¿Dónde presento mi queja?*

Tendrá que enviar su queja por correo certificado, pidiendo comprueba del recibo de esta, a «Office of Special Counsel for Immigration-related Employment Practices, P.O. Box 12728, Washington, D.C. 20038-7728.»

14. *¿Qué detalles debo escribir en la queja?*

Tendrá que describir todo lo relacionado a su solicitud para el puesto, inclusive la entrevista que sostuvo, la denegación y todos los detalles de sus conversaciones con el entrevistador o personas que trabajan con dicho empleador. También tendrá que declarar porqué piensa que su origen (su facha, su acento) tuvo que ver con el rechazo.

El Abogado Especial querrá averiguar si su informe es creible, no producto de un presentimiento.

15. *¿En qué plazo de tiempo decidirán mi queja?*
Dentro de 120 días después del recibo de su queja.

16. *¿Puedo también presentar una querella al organismo gubernamental «Equal Employment Opportunities Commission,» que se encarga de quejas bajo el Título VII de la ley de 1964?*
No. Tendrá que elegir. Tome en cuenta las guías pertinentes (vea las preguntas 5 y 9).

17. *¿Me puede dar un ejemplo de un caso exitoso?*
En 1994 se retiró una demanda mediante un acuerdo entre cinco trabajadores, guardias de seguridad filipinos, y el empleador. Los trabajadores eran ciudadanos estadounidenses o residentes legales. Luego de varios años sin novedad, les despidieron a los cinco porque el empleador declaró que, por el acento que tenían, era difícil enterderlos cuando hablaban en inglés.

Los trabajadores presentaron una queja basada en el Título VII de la ley de 1964. Por medio de este acuerdo, ellos pudieron recuperar sus trabajos y una suma de $87,500 ($17,500 para cada uno). Además, le obligaron al empleador a retirar las evaluaciones negativas vinculadas al incidente en cuestión, y el empleador se compormetió a no discriminar de manera semejante en el futuro. La nueva ley de inmigración creará aún más dificultades para obtener éxito en casos como este, debido a que las personas que presentan la demanda deberán comprobar que el empleador tenía «la intención» de discriminar en contra de ellos. En lo que a esto respecta, la vida será más difícil para el trabajador que es ciudadano estadounidense, así como para los trabajadores que son inmigrantes legales y que han sido sujetos a la discriminación.

18

Casos Especiales y la Libertad Condicional

En este capítulo hablaremos acerca de las circunstancias especiales de ciertos grupos de personas extranjeras, y los recursos conocidos como la libertad condicional humanitaria (humanitarian parole, en inglés), y la libertad condicional adelantada (advance parole, en inglés).

---

1. *¿Tiene una persona cubana más posibilidades de obtener la residencia legal que otras personas extranjeras?*

Sí, pero vea la Pregunta 6 para saber como está cambiando esto.

La Ley de Ajuste cubano, que se aprobó después que Fidel Castro asumió el poder, hizo posible algo muy favorable para los refugiados cubanos. Esta ley le permite a un cubano que ha sido admitido a los Estados Unidos o que ha llegado bajo libertad condicional a ajustar su estado a residente legal después de residir aquí por un año. A diferencia de otros grupos de extranjeros, los cubanos no necesitan ser patrocinados por un ciudadano estadounidense, residente legal, o empleador para poder solicitar el ajuste de estado.

La nueva ley de inmigración provee que la ley de Ajuste Cubano no será revocada a menos, y hasta, que el Presidente de los Estados Unidos certifique que Cuba tiene un gobierno electo democráticamente.

2. *¿Me explica la diferencia entre «ser admitido» y «llegar bajo libertad condicional»?*

Para ser admitido, se necesita tener una visa a corto plazo (visa de no-inmigrante), ser inspeccionado, y que un agente de inmigración en el puerto de entrada le permita entrar. El Presidente de los EstadosUnidos también puede admitir a Ud. y otros ciudadanos extranjeros (vea la Pregunta 6).

Si llega bajo libertad condicional (parole, en inglés), Ud. no posee una visa de no-inmigrante ni tampoco tiene derecho a entrar, pero el gobierno le permite estar aquí temporalmente con fines humanitarios.

3. *¿Me da un ejemplo en el cual se utilizó la libertad condicional humanitaria?*

En 1994, miles de personas escaparon de Cuba en botes y balsas, con la esperanza de alcanzar a los Estados Unidos y permanecer aquí. Los que resultaron detenidos por los guardacostas estadounidenses fueron trasladados a la base naval estadounidense en Guantánamo, Cuba, u otra destinación en el Caribe, y no les permitieron entrar a los Estados Unidos, ni estar aquí bajo libertad condicional.

A una mujer joven, que tenía nueve meses de embarazo, le empezaron los dolores mientras su bote se acercaba a la costa estadounidense. Las guardacostas le llevaron por avión a un hospital en Miami, donde dio a luz. Porque nació aquí, el bebé tuvo el estado de ciudadano estadounidense. Pero, en cambio, su madre no tenía derecho a estar en los Estados Unidos. Le podían hasta expulsarla a Guantánamo.

Afortunadamente, el sentido común y la compasión reinó, y le concedieron la libertad condicional para que ella esté junto a su niño estadounidense. Un año después pudo haber solicitado el ajuste de estado a residente legal.

4. *¿No hubo un acuerdo entre los Estados Unidoso y Cuba luego del éxodo de miles de cubanos a Miami en el verano de 1994?*

Sí, pero vea la Pregunta 6 para detalles acerca del último acuerdo.

Cuba se comprometió a desanimar a cubanos para que estos no se vayan a los Estados Unidos y aseguró que los pasos que tomaría no incluiráan la aplicación de penas criminales al intento de salir del país.

Por su parte, los Estados Unidos permitió que por lo menos 20,000 cubanos puedan inmigrar acá anualmente.

5. *¿Cómo seleccionan a estos 20,000 cubanos?*

Por varios métodos. Primeramente, cubanos que temen ser perseguidos podrán presentar solicitudes de asilo en la Habana (vea capítulo 5, la Pregunta 1). También podrán utilizar métodos rutinarios, es decir mediante peticiones por parte de familiares o empleadores.

Los Estados Unidos también piensa permitir que ciertos individuos lleguen bajo libertad condicional. Es más, comenzaron otorgando la llegada de ciertas personas que estaban bajo detención: los que tenían setenta años o más, los niños sin padres, y personas con una condición médica grave.

6. *Me han dicho que el Presidente Clinton anunció un nuevo curso de acción con respecto a cubanos. ¿Qué es?*

El 2 de mayo, de 1995 el Presidente Clinton anunció un nuevo curso de acción con respecto a cubanos bajo detención y los que traten de escapar de Cuba en el futuro. Se comprometió a admitir a los 20,000 cubanos que en ese entonces estaban detenidos en Guantánamo. Estos podrán solicitar el ajuste de estado un año después de llegar aquí. Pero, los que intenten escapar de Cuba en el futuro, y resulten detenidos por los guardacostas estadounidenses, serán enviados a Cuba luego de una breve entrevista en el mar (este paso no es del agrado de los abogados) para determinar si estos son refugiados políticos. Cuando ya hayan regresado a Cuba, ellos podrán presentar sus solicitudes de asilo a la Sección de Intereses de Estados Unidos en la Habana.

Aún así, porque solo el Congreso puede eliminar o enmendar la Ley de Ajuste Cubano, los que lleguen aquí sin la interceptación de los guardacostas podrán ajustar su estado después de un año. El nuevo curso de acción tiene el objetivo de prevenir otro éxodo a gran escala de Cuba a los Estados Unidos. Aunque se ha evitado un nuevo éxodo a gran escala, muchas personas siguen huyendo en botes y son enviados a Cuba por los guardacostas estadounidenses.

7. *Soy haitiano y llegué bajo libertad condicional. ¿Podré solicitar el ajuste de estado a residente legal después de residir aquí por un año?*

No. El privilegio de poder solicitar el ajuste de estado después de un año de estar aquí es solamente para los cubanos. Este recurso no está disponible para los haitianos, ni otros ciudadanos extranjeros.

8. *¡Qué lástima! Si me quedo aquí por siquiera siete años bajo libertad condicional, ¿podré solicitar la suspensión de deportación, para así obtener la residencia legal?*

No. Ese recurso es para quien ha entrado a los Estados Unidos y ha permanecido aquí físicamente por siquiera siete años continuos.

Aviso: a la fecha de imprenta, el Senado propone eliminar la suspensión de deportación para personas que entraron ilegalmente, sin ser inspeccionado por un agente de inmigración en el puerto de entrada.

9. *Pienso quedarme en Miami, y no salir en los próximos siete años. ¿Podré solicitar la suspensión de deportación?*

No. Ahora le diré algo que suene quizás increíble. Cuando un individuo llega bajo libertad condicional, la ley no reconoce que este ha «entrado» formalmente a los Estados Unidos. Desde el punto de vista jurídico, se le trata como si todavía estuviera en el bote, balsa, o avión en rumbo a Miami.

Antes de ponerse a calcular los años que ha estado aquí, tendrá que comprobar que fue admitido por un agente de inmigración en el puerto de entrada, o que cruzó la frontera por México o el Canadá sin ser inspeccionado. ¡No importa si haya estado aquí por siete o diecisiete años! Le tratarán, en el sentido jurídico, como si estuviera en el mar.

10. *Si es así, ¿de qué sirve la libertad condicional?*

Hay varios beneficios. En primer lugar, con dicho estado puede trabajar legalmente en los Estados Unidos. Simplemente escriba (c)(11) «Paroled in the public interest» (es decir, llegó bajo libertad condicional en el interés público) en el espacio 16 de la planilla 1-765, la Solicitud de Permiso de Trabajo. Las nuevas normas requieren que envíe la solicitud, las fotografías y las huellas digitales a la oficina local del S.I.N. Le enviarán el Permiso de Trabajo por correo, o podrá recogerlo personalmente. Este tendrá validez por un año.

Además, si no está casado y se encuentra con la mujer con la cual siempre ha soñado (y quien es ciudadana estadounidense o residente legal), ella podrá patrocinarlo (vea el capítulo 8 para más detalles).

11. *Tengo la tarjeta verde. Mi hija está casada y vive en el extranjero. Tardará mucho para convertirme en ciudadano y después poder patrocinarla. Me estoy poniendo viejo y temo que tal vez nunca llegará acá. ¿Podrá llegar bajo libertad condicional?*

Es muy probable que no. La libertad condicional humanitaria representa un recurso extraordinario, algo que no se puede utilizar para eludir o mermar el tiempo de espera cuando se patrocina a alguien. Tendrá que esperar, obtener la ciudadanía, y entonces patrocinar a su hija casada.

12. *En caso que ocurra algo urgente que requiere un recurso extraordinario, ¿cómo solicito la libertad condicional humanitaria por parte de mi hija?*

Se utiliza la planilla 1-131, la Solicitud para un Documento de Viaje (Application for Travel Document, en inglés), conjunto con $70 pagable a «Immigration and Naturalization Service.» Es la misma planilla que tiene que presentar un residente legal que piensa quedarse en el extranjero por más de un año (vea el capítulo 2).

La libertad condicional humanitaria es una especie de libertad condicional adelantada. Su hija, o Ud., podrá presentar la planilla. Ya que su hija está en el extranjero, tendrá que mandar la solicitud a USINS, Office of International Affairs and Parole, 425 I Street N.W., Room 1203, Washington, D.C. 20536.

13. *Soy un ciudadano chino que llegó en el barco Golden Venture en 1992. Ya han pasado varios años y todaví estoy bajo detención. ¿Cuánto tiempo más tendré que vivir así?*

Me imagino que le encontraron en la playa y le pusieron inmediatamente bajo detención. Ahora lo pondrán bajo procedimientos de exclusión. No obstante el hecho de haber logrado desembarcar en la playa neoyorquina, visto desde el punto jurídico Ud. no «entró» a los Estados Unidos. Le pueden detener legalmente hasta que se termine los procedimientos de exclusión. Si su caso todavía está pendiente, quizás es porque solicitó asilo político y es difícil obtener la ayuda de un abogado mientras está bajo detención, y posiblemente en un lugar lejano.

Fuera ideal si le dejaran en libertad mientras su caso sigue pendiente, pero será difícil intentarlo.

14. *¿Cómo demuestro que tengo derecho a la libertad condicional en estas circunstancias?*

Las normas del S.I.N. permiten la liberad condicional si:

* Padece de una condición médica grave;
* Está encinta;
* Es menor de edad (no ha cumplido los 14 años);
* Tiene un pariente aquí que es residente legal o ciudadano estadounidense, y este le ha patrocinado;
* Será un testigo en un proceso jurídico (por ejemplo, si prestará testimonio contra los que planificaron el viaje del Golden Venture);
* Su detención va contra el interés público (tendrá que demostrar la existencia de un factor muy extraordinario).

Si es joven y goza de buena salud, es muy poco probable que lo dejen salir bajo libertad condicional. Quizás sí le dejen en libertad si cuenta con una asociación caritativa o religiosa que prometa vigilarlo y garantizar su comparecencia a sus audiencias.

15. *Desde que llegué en el Golden Venture, me han mandado de lugar a lugar, primero a Nueva York después a Pensilvania y a Luisiana. No encuentro un abogado como el que tenía en Nueva York, y el no me puede seguir ayudando por todo lado. ¿Pueden hacer esto legítimamente?*

Sí. En una decisión antigua, que todavía tiene validez, se dio a conocer que, no obstante que proceso el Congreso establezca para el individuo como Ud. que está pidiendo «entrada,» desde el punto de vista jurídico, el mismo tendrá las garantías procesales debidas. El hecho de ser llevado de lugar a lugar, aunque muy lamentable, es legal.

16. *No me encuentro bajo procedimientos de deportación ni bajo detención. Presenté mi solicitud de asilo político años atrás, pero todavía no me han entrevistado. Me falta poco para terminar mis estudios en la universidad. Gané un premio del Instituto Nacional de la Salud para emprender investigaciones en el extranjero durante el verano. ¿Podré obtener permiso para salir y después ingresar a los Estados Unidos?*

Sí. Tendrá que solicitar la libertad condicional adelantada (advance parole, en inglés), que le concederán si existe amplia razón.

Tendrá que presentar la planilla I-131, la Solicitud para un Documento de Viaje (Application for Travel Document, en inglés), conjunto con $70 pagable a «Immigration and Naturalization Service.» Las instrucciones de la planilla indican que podrá solicitar un documento de libertad condicional adelantado si se trata de una emergencia personal o un asunto de negocios legítimo. Las instrucciones también indican que no le concederán este recurso si le han puesto bajo procedimientos de deportación. Eso no le concierne a Ud., porque presentó una solicitud afirmativamente y el S.I.N. le entrevistará en relación a su pedido. Procedimientos de deportación no se llevarán a cabo antes que el S.I.N. rechace su solicitud (si llega a ocurrir esto).

17. *Si me conceden la libertad condicional adelantada, para así salir de los Estados Unidos y regresar unos meses después, ¿puedo pasar por mi país de origen para visitar a mi familia?*

No. Si teme la persecución en su país, y vuelve allá, habrá abandonado su solicitud de asilo (y perderá también el permiso de reingreso a los Estados Unidos).

18. *¿Cómo puedo argumentar para obtener la libertad condicional adelantada?*

Tendrá que enfatizar, en una carta que acompañe la planilla I-131, que es un estudiante destacado (adjunte cartas de recomendación de la universidad), que el trabajo en el extranjero es indispensable para su carrera, que la universidad le apoya totalmente, y que la estadía en el extranjero será breve. Con una recomendación de la universidad, Ud. tendrá buenas posibilidades de obtener la libertad condicional adelantada.

Le pedirán que regrese a la oficina local del S.I.N., y Ud. podrá recoger sus papeles en la sección de refugiados. Es poco probable que tenga que ser entrevistado por un agente de inmigración.

19. *Mi pasaporte, que fue expedido por el país en el cual temo la persecución, se venció. ¿Tendré dificultades en obtener la libertad condicional adelantada?*

Sí. Sin pasaporte válido, el S.I.N. no le concederá libertad condicional adelantada. Su abogado, por otro lado, no querrá que Ud. pida un nuevo pasaporte, ya que ese gesto tiende a mermar la credibilidad de su solicitud de asilo. Pero, si esta oportunidad de trabajar en el extranjero es tan importante, tal vez Ud. no querrá dejarla pasar.

Su abogado le avisará también sobre una desventaja que existe si le conceden libertad condicional adelantada mientras su caso de asilo está pendiente. Si le rechazan su solicitud, quizás lo sujetarán no a procedimientos de deportación, sino a procedimientos de exclusión, algo que puede resultar costoso para Ud. Su abogado tendrá que utilizar mucha creatividad para superar este estorbo.

Aviso: la nueva ley de inmigración termina la suspención de deportación y la reemplaza con «cancelación de remoción,» una forma de alivio que será mucho más difícil de obtener. Para ser elegible, Ud. debe de haber entrado legalmente (no habiendo cruzado la frontera), y residido en los Estados Unidos por diez años (no siete como era el antiguo requisito). Además, Ud. deberá convencer al juez de inmigración de que si Ud. fuera deportado, no solamente causaría un «daño muy grave,» sino un «daño excepcional y extremadamente inusual» para su cónyuge e hijos, ciudadanos estadounidenses o residentes legales. El daño causado a Ud., el ciudadano extranjero, no es relevante al caso.

20. *Tengo la tarjeta verde. Mi hijo, un haitiano de catorce años, escapó de Haití hace un año. Sin embargo, los guardacostas estadounidenses lo recogieron y le llevaron a Guantánamo, Cuba. ¿Le mantendrán allí, o le llevarán a Haiti?*

Según una declaración del Departamento del Estado, porque su hijo tiene un padre residente legal en los Estados Unidos, le concederán libertad condicional para que Ud. le cuide. A niños haitianos sin padres en los Estados Unidos, les están enviando a Haití. El convenio establecido el 12 de noviembre, de 1997 entre el Congreso y el Presidente, prácticamente otorga a los cubanos y nicaragüenses el ajuste de estado automático, y ofrece una oportunidad a los salvadoreños y guatemaltecos para hacer uso de las antiguas y menos drásticas leyes de suspensión de la deportación. Para más detalles sobre estas leyes, consulte la página de Alworth Press en el internet.

19

Si Ud. Necesita Beneficios Sociales

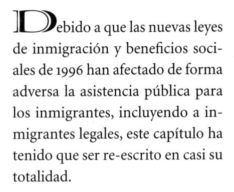

Debido a que las nuevas leyes de inmigración y beneficios sociales de 1996 han afectado de forma adversa la asistencia pública para los inmigrantes, incluyendo a inmigrantes legales, este capítulo ha tenido que ser re-escrito en casi su totalidad.

---

1. *¿Acaso los ciudadanos extranjeros que son indocumentados tienen derecho a los beneficios que ofrece la nueva ley de beneficios sociales?*

Existe una prohibición general hacia las personas que «no califican,» y esta definición claramente incluye a los indocumentados. Sin embargo, existen excepciones a esta prohibición para casos de emergencia en servicios médicos, inmunización (vacunas), y para las pruebas y tratamientos de enfermedades contagiosas.

2. *Soy residente legal en los Estados Unidos, ¿tengo derecho a los cupones de comida* *(«food stamps,» en inglés) y al subsidio social S.S.I. (Supplemental Security Income)?*

El beneficio de los cupones de comida fué finiquitado el 22 de agosto, de 1997, un año después de que se firmó la ley de beneficios sociales. Se estima que cerca de un millón de residentes legales serán perjudicados por esta terminación de beneficios.

Sin embargo, el estado del S.S.I. es un poco mejor. Como resultado de la ley de presupueto que fué firmada el 5 de agosto, de 1997, ancianos y personas incapacitadas que son residentes legales pueden ser elegibles para recibir los beneficios del S.S.I. si ya recibían beneficios antes del 22 de agosto, de 1996(fecha en la que se firmó la ley de beneficios sociales,) o si ya etaban residiendo legalmente en los Estados Unidos antes de esta fecha y sufrieron incapacidades después de esta fecha.

3. *¿Acaso existen inmigrantes que no se verán afectados por esta terminación de* *beneficios?*

Sí. Ud. no se verá afectado por la terminación de beneficios durante los primeros cinco años de su estado legal si fué admitido a los Estados Unidos como refugiado, o si le fue concedido asilo aquí, o si se le concedió cancelación de deportación (una alternativa al asilo).

Residentes legales tambien serán excentos de esta terminación de beneficios si logran demostrar que han trabajado en los Estados Unidos por cuarenta cuartos (diez años), o son veteranos del servicio militar o personas activas en el servicio, así como sus hijos dependientes (solteros y menores de veintiún años de edad).

4. *¿La nueva ley de inmigración tiene algo en común con la Propuesta 18 de Cali-* *fornia?*

Sí. La nueva ley de beneficios sociales indica que a ningún gobierno estatal o local se le puede prohibir informar al S.I.N. del estado inmigrante de sus ciudadanos. En respuesta a esto, la ciudad de Nueva York, la cual tiene una ley local que prohíbe comunicar esta información al S.I.N. a menos que el caso involucre actividad criminal por parte del ciudadano extranjero en cuestión, ha demandado al gobierno federal. Haciendo notar puntos similares a los que el Alcalde de Nueva York, Rudolph Giuliani, ha declarado en entrevistas y periódicos, los papeles legales recalcan el terrible efecto adverso que esta propuesta tendría en la ciudad y sus habitantes si los ciudadanos extranjeros con estado ilegal no pueden reportar actividad criminal por miedo a la deportación, o si, por la misma razón, no pueden buscar tratamiento médico contra enfermedades contagiosas, o asistir a la escuela pública. Desafortunadamente, una Corte de Distrito de los Estados Unidos decidió el caso en contra de la ciudad el 17 de julio, de 1997. Desde esta fecha, a menos que la decisión sea revertida o apelada, las agencias de la ciudad pueden, aunque no es un requerimiento, informar al S.I.N. el estado de inmigración de las personas a las que atienden.

Una semana más tarde, otro juez federal, en un caso en el que la ciudad había demandado a la ley de beneficios sociales declarándola anti-constitucional por tratamiento discriminatorio hacia sus residentes legales, decidió en favor de los Estados Unidos. El juez en este caso, mantuvo que el Congreso tenía el poder para efectuar este tipo de discriminación entre los residentes legales y los ciudadanos de los Estados Unidos.

Puede que la decisión final sea del Congreso, y no de las cortes, para cambiar dirección en el trato hacia los inmigrantes, con el respeto que se merecen, con compasión y empatía. Sin embargo, no podemos decir para cuando, o si acaso es que, este cambio sucederá.

20

Las Avenidas a la Ciudadanía Estadounidense

Hay varias formas de convertirse en ciudadano estadounidense. Quizás ya lo és desde su nacimiento, si es que nació en los Estados Unidos o, si nació en el extranjero, si uno o ambos de sus padres son ciudadanos estadounidenses. Si logró obtener la residencia legal, después de cierto tiempo podrá convertirse en ciudadano estadounidense por medio de la naturalización. En cuanto tenga la ciudadanía estadounidense, podrá participar en nuestra democracia y votar en las elecciones al nivel municipal, estatal y nacional. También podrá patrocinar a sus parientes cercanos para que ellos obtengan la tarjeta verde. También podrá salir de los Estados Unidos por largos plazos de tiempo sin que le quiten su ciudadanía estadounidense.

Siendo ciudadano estadounidense, tendrá derecho a los beneficios sociales que quizás ya no podrán pedir los que no tengan la ciudadanía. Nuestra sugerencia: ¡Presente su solicitud para la naturalización lo más pronto posible!

Este capítulo les informará acerca de las distintas avenidas hacia la ciudadanía estadounidense.

---

1. *Crucé la frontera estadounidense mientras esperaba dar a luz a mi bebé. El nació aquí una semana después. ¿Qué garantía tengo que es ciudadano estadounidense?*

Así manda la Constitución de los Estados Unidos.

La Sección 1 de la Enmienda Catorce dice: «Toda persona que nace o se nacionaliza en los Estados Unidos, y que está sujeto a la jurisdicción del país, es ciudadano de los Estados Unidos.»

Esta enmienda se aprobó después de la guerra civil, para así dejar bien claro que, por haber nacido aquí, los negros americanos que habían sido esclavos ya eran ciudadanos estadounidenses libres.

2. *El gobernador de mi estado quiere cambiar esto para impedir que los que nacen aquí, de padres indocumentados, sean reconocidos como ciudadanos estadounidenses. ¿Logrará hacer eso?*

No, a menos que se anule la Enmienda Catorce o se apruebe otra enmienda.

Antes que tenga validez una enmienda, tendrá que ser aprobada por dos tercios de la Cámara de Representantes y por dos tercios del Senado, y después confirmada por tres cuartos de las legislaturas de los estados. Aunque existen varias propuestas para enmendar la Constitución, no hay nada que indique que algo inmediato va a pasar con relación a la Enmienda Catorce. Por lo tanto, no le permitirá su gobernador quitarle el estado de ciudadano al que nace aquí de padres ciudadanos extranjeros.

3. *Mi esposo y yo somos ciudadanos estadounidenses. Pasamos dos años en el extranjero mientras yo estudiaba en una universidad. Di a luz a nuestro niño allá. ¿Es el un ciudadano estadounidense?*

Sí, pero tendrá que demostrar que tuvo una residencia estadounidense antes que nació el niño.

La residencia de una persona es el hogar principal, y Ud. podrá comprobar que la dirección en los Estados Unidos fue su residencia por medio de las escrituras de la casa o una fotocopia del contrato de arrendamiento. También podra demostrar esto por medio de su declaración de impuestos sobre la renta que presentó durante su estadía en el extranjero.

4. *¿Cómo confirmo que mi hijo es un ciudadano estadounidense?*

Visite el consulado estadounidense en el país donde se encuentra y presente lo siguiente:

- Pruebas de su ciudadanía estadounidense;
- Pruebas de la ciudadanía estadounidense de su esposo;
- La partida de nacimiento de su niño;
- Pruebas que Ud. o su esposo residieron en los Estados Unidos antes que nació su hijo.

El funcionario del consulado le expedirá un documento que confirmará que su hijo es ciudadano estadounidense. Ud. podrá presentar este documento para que su niño obtenga un pasaporte estadounidense, y así pueda viajar a los Estados Unidos.

5. *Soy ciudadano estadounidense y mi esposa es residente legal. Hemos vivido juntos en los Estados Unidos alrededor de tres años. Mi esposa se fue de visita a su país natal y dio a luz allá. ¿Es nuestro hijo un ciudadano estadounidense?*

Depende. Es necesario saber más acerca de la naturaleza de sus vínculos con los Estados Unidos. Para que su niño tenga derecho a la ciudadanía desde nacer, tendrá que comprobar que Ud. ha estado físicamente presente en los Estados Unidos por los últimos cinco años.

6. *¿A qué se refiere el término «estar físicamente presente» en los Estados Unidos?*

Resulta algo más difícil de comprobar que la residencia en los Estados Unidos.

Tendrá que demostrar que pasó todo el tiempo aquí, con la excepción de breves ausencias que no interrumpieron de manera significativa su estadía en los Estados Unidos.

Por ejemplo, si tomó unas vacaciones breves para visitar a la familia de su esposa, esta no representa una interrupción grave. Pero si se quedó por seis meses negociando un proyecto, sí.

Siempre resulta mejor planear las vacaciones o negocios para evitar que los niños nazcan en el extranjero. Las cosas son sumamente más sencillas si tiene la Enmienda Catorce a la Constitución para que le respalde.

7. *¿Qué tenemos que presentar para comprobar que nuestro hijo es ciudadano estadounidense?*

Su esposa debe presentar lo siguiente al consulado estadounidense:

- La tarjeta verde para comprobar que es residente legal;
- Una fotocopia de su partida de nacimiento o certificado de naturalización para comprobar que Ud. es ciudadano estadounidense;
- Una fotocopia de la partida de nacimiento de su hijo;
- Pruebas de su presencia física en los Estados Unidos en los últimos cinco años.

Fíjese en las planillas de impuestos pertinentes a los últimos cinco años, los extractos de su banco, y las facturas de las compañías de luz, gas y teléfono, que reflejarán su dirección en los Estados Unidos. Debe también presentar una fotocopia de su pasaporte estadounidense, que reflejará breves ausencias de los Estados Unidos en los últimos cinco años.

Después de repasar esta documentación, el funcionario del consulado podrá expedir un documento que confirma que su hijo es ciudadano estadounidense, para que este pueda obtener un pasaporte estadounidense.

8. *Si no puedo comprobar que estuve físicamente presente en los Estados Unidos por cinco años antes que nazca nuestro hijo, ¿existe otra manera de comprobar que nuestro hijo es ciudadano estadounidense?*

Sí. Primero debe presentar una petición, como pariente directo, por parte de su hijo. Así podrá el convertirse en residente legal. Su esposa, en cuanto pueda, debe presentar una solicitud para la naturalización (debe nacionalizarse antes que su hijo cumpla los dieciocho años). He aquí lo que manda la ley:

Si su esposa se nacionaliza antes que su hijo cumpla los dieciocho años de edad y su hijo, siendo ya residente legal, ha estado residiendo en los Estados Unidos con su esposa (la madre de el) a la fecha que ella se nacionaliza, su hijo se convierte en ciudadano estadounidense.

En otras palabras, su hijo puede llegar a ser ciudadano estadounidense en dos maneras distintas, adquiriendo la ciudadanía al nacer en el extranjero o, por medio de la madre residente legal, cuando ella se nacionaliza.

9. *Leí que hay una nueva ley que les da a ciertas personas la «ciudadanía instantánea.» ¿A qué se refiere?*

Es un recurso muy estrecho. Está disponible a cientos o miles de personas que tengan más de sesenta años de edad, pero no a otras personas.

10. *¿A quién beneficia esta ley?*

Si nació en el extranjero antes del 24 de mayo, de 1934 de madre ciudadana estadounidense y un padre que no lo era, ahora le reconocerán a Ud. como ciudadano estadounidense desde que nació, siempre y cuando su madre residió en los Estados Unidos antes que Ud. nazca.

11. *Si demuestro que nací en el extranjero antes del 24 de mayo, de 1934 de una madre ciudadana estadounidense, y que ella residió aquí antes que yo nazca, ¿existe algo que me impedirá reclamar que soy ciudadano estadounidense?*

La ley le impedirá reclamar ser ciudadano si Ud. participó en las persecuciones llevados a cabo por los nazis (1933-1945) o tuvo algo que ver con el genocidio.

12. *¿Y si nací en el extranjero antes del 24 de mayo, de 1934 de padre ciudadano estadounidense y una madre extranjera, no obtendré la ciudadanía?*

Al contrario. A Ud. se le reconoce como ciudadano estadounidense desde que nació. La nueva ley le otorga a la madre el mismo derecho, es decir de conferir la ciudadanía a sus hijos, que se extiende ya al padre. ¡Es lógico! Ya era tiempo de reconocer que la madre es la que da luz a los hijos.

13. *Logré obtener la tarjeta verde por medio de mi esposo, que es residente legal. ¿Cuándo podré presentar mi solicitud para la naturalizacion?*

Cinco años después de la fecha que aparece en su tarjeta, que es la fecha en cual obtuvo el estado de residente legal.

14. *¿Todo residente legal tiene que esperar cinco años antes de solicitar la naturalización?*

Cinco años es la norma, aunque hay ciertas excepciones:

Alguien que logró obtener la tarjeta verde por medio de su cónyuge ciudadano estadounidense tendrá que esperar solamente tres años, no cinco años. Alguien que obtuvo su tarjeta por medio de legislación especial, como por ejemplo la Ley de Ajuste de Haitianos y Cubanos de 1986, podía solicitar la naturalización inmediatamente.

15. *¿Qué pasa si presento mi solicitud antes de la fecha indicada?*

El S.I.N. le permitirá presentar su solicitud tres meses antes de cumplir el plazo requisito. Pero, si presenta su solicitud más antes, le devolverán su solicitud y le pedirán que espere.

Para asegurarse que no está presentando su solicitud antes de tiempo, fíjese en la fecha que figura en su tarjeta. Envíe una fotocopia de ambos lados de su tarjeta para comprobar que no ha presentado su solicitud más antes de los tres meses.

A la fecha de imprenta, está demorando entre nueve y doce meses hasta que le manden una cita para su entrevista.

16. *Durante esos tres (o cinco) años, realicé varios viajes largos a mi país a visitar a mi familia. ¿Qué cantidad de tiempo debí estar en los Estados Unidos?*

Tendrá que demostrar que estuvo físicamente presente en los Estados Unidos siquiera la mitad de los tres o cinco años, de acuerdo con el plazo requisito en su situación.

17. *Durante ese período de tres (o cinco) años, surgió algo urgente en mi país y tuve que permanecer allá por más de un año. ¿Podré presentar mi solicitud después de los tres (o cinco) años?*

No. Una salida de los Estados Unidos que dura más de un año interrumpirá el plazo requerido, ya sea tres o cinco años.

18. *En caso de una interrupción, ¿tendré que comenzar a esperar los tres (o cinco) años de nuevo?*

No. Tendrá que esperar dos (o cuatro) años, más un día, para tener derecho a presentar su solicitud. El S.I.N. le tratará como si su ausencia ocurrió al comienzo del nuevo plazo de tres (o cinco) años, y el plazo de dos (o cuatro) años continuos cumple con el requisito de la ley.

19. *¿Por cuánto tiempo tendré que residir en este estado para tener derecho a presentar mi solicitud para la naturalización en la oficina del S.I.N. en este estado?* Tres meses.

20. *Después de presentar mi solicitud, ¿tendré que estar físicamente presente en los Estados Unidos (todos los días) hasta que tenga que prestar juramento?*

No. Solamente tiene que residir en los Estados Unidos desde que presente su solicitud hasta que tenga que prestar juramento. O sea que podrá salir de los Estados Unidos para visitar a la familia en su país de origen.

21. *¿Qué planilla tendré que enviar y cuánto hay que pagar?*

Tendrá que presentar la planilla N-400, la Solicitud para la Naturalización, junto con $95 pagable a «Immigration and Naturalization Service.»

También tendrá que presentar lo siguiente:
- Fotocopias de ambos lados de su tarjeta verde;
- Dos muestras de la planilla FD-258, sus huellas digitales;
- Cuatro fotografías idénticas, con su número de serie A escrito en la parte posterior con un lápiz No. 2.

Aviso: Si reside dentro de la jurisdicción de los distritos de Miami, Chicago, Los Angeles y Nueva York tendrá que presentar su solicitud N-400 por correo a las oficinas regionales apropiadas del S.I.N., no en persona a la oficina local. Si no reside en estos distritos, presente su solicitud a la oficina local del S.I.N. Vea el capítulo 2, Pregunta 15 para más detalles.

22. *¿Qué me dice acerca del inglés y la historia de los Estados Unidos?*

La norma es que debe demostrar que puede leer, escribir y hablar el inglés básico, como también que sabe lo básico de la historia de los Estados Unidos. El entrevistador le pedirá que lea un párrafo en voz alta, y escriba algunas frases en inglés. También le pedirá diez datos acerca de la historia de los Estados Unidos, y Ud. tendrá que contestar siquiera siete preguntas correctamente.

Si no saca un aprobado en el examen, le darán otra oportunidad dentro de noventa dias, sin costo alguno. Para estar mejor preparado, debe obtener una lista de las 100 preguntas y respuestas preparadas por el S.I.N. en relación al programa de «amnistía» en 1986, pidiéndole a un abogado de inmigración o una agencia comunitaria (por supuesto tiene que corregir los nombres del presidente y vice-presidente de los Estados Unidos en la lista). Tome en cuenta que Ud. puede cumplir con este requisito si saca un aprobado en un examen proporcionado por ciertas agencias comunitarias. El S.I.N. aceptará los resultados de dicho examen. Sin embargo el resto de su entrevista se llevará a cabo en inglés.

Su entrevista, incluso el examen acerca de la historia de los Estados Unidos, se llevará a cabo en su idioma, y Ud. no está sujeto a demostrar que entiende inglés, si ha cumplido cincuenta años de edad y ha sido residente legal por siquiera veinte años, o si ha cumplido cincuenta y cinco años de edad y ha sido residente legal por siquiera quince años.

Si Ud. es mayor de sesenta y cinco años y ha sido residente legal por siquiera veinte años, podrá ser entrevistado en su idioma. Además, el entrevistador escogerá diez preguntas, de solo veinte y cinco disponibles, acerca de la historia de los Estados Unidos. Ud. tendrá que contestar seis correctamente.

23. *Alguien me dijo que tendré que demostrar que tengo buen carácter moral para tener derecho a la naturalización. ¿A qué se refiere?*

En las próximas respuestas le daré varios ejemplos. Si se da cuenta que tiene un problema en cuanto a este tema, acuda a un buen abogado de inmigración.

24. *Soy residente legal. Cuando presenté la petición por parte de mi hija, mentí, es decir, declaré que era soltera cuando en realidad estaba casada. A raíz de esa mentira, mi hija recibió la residencia legal. ¿Tendré dificultades?*

Sí. Si prestó juramento y mintió al S.I.N. para que su hija obtenga la tarjeta verde, y el S.I.N. está al tanto, el S.I.N. rechazará su solicitud para la naturalización porque Ud. no posee buen carácter moral. El S.I.N. también podrá intentar revocarle el estado de residente legal a su hija.

25. *Después de diez años de ser residente legal, me hallaron culpable de un delito por estar involucrado en el narcotráfico. El S.I.N. trató de deportarme, pero un juez de inmigración se fijó en mi rehabilitación y mi esposa e hijos estadounidenses, y me permitió quedar. ¿Puedo presentar mi solicitud para la ciudadanía?*

No. Tuvo la suerte de que el juez de inmigración le permitió quedarse como residente legal. Pero será difícil convertirse en ciudadano.

No podrá demostrar que tiene buen carácter moral si cometió una felonía bajo circunstancias agravantes. La venta de sustancias controladas se califica como una felonía bajo circunstancias agravantes. Para crear más dificultades, la nueva ley de inmigración provee que una persona que ha cometido una felonía bajo circunstancias agravantes en el pasado, será sujeta a la deportación de los Estados Unidos. Quizás, Ud. será sujeto al procedimiento de deportación cuando se presente a la entrevista para su solicitud de ciudadanía. De hecho, recientemente un gran número de solicitantes de la ciudadanía han experimentado esta mala sorpresa. Esta es una razón para mantener un perfil bajo y no solicitar la ciudadanía. Es algo desafortunado, pero tendrá que mantenerse satisfecho con la tarjeta verde y olvidarse de sus planes de convertirse en ciudadano de los Estados Unidos.

26. *Me hallaron culpable de un delito relacionado a los juegos de azar. El S.I.N. no intentó deportarme, y un abogado me aseguró que no me podrán expulsarme a raíz de este delito. ¿Será problemático en cuanto a la ciudadanía?*

Eso depende. Si se trata de una simple infracción, todavía podrá hacerse ciudadano. Pero si fue un negocio suyo durante los tres o cinco años de residencia legal, esto demostrará que no posee buen carácter moral. El hecho que no sea motivo suficiente para deportarlo no significa que tenga derecho a la ciudadanía.

27. *No he pagado los impuestos sobre la renta todos los años desde que conseguí la tarjeta verde. ¿Tendré dificultades en cuanto a mi solicitud para la ciudadanía?*

Tal vez. Si no ha presentado las planillas de impuestos sobre la renta, el S.I.N. podrá declarar que Ud. no posee buen carácter moral. Hay que tomar en cuenta que la ley no nos da un listado de toda conducta que indica que la persona no posee buen carácter moral. La Pregunta 8 en la parte 7 de la planilla N-400, la Solicitud para la Naturalización, quiere saber si Ud., después de convertirse en residente legal, no cumplió con su deber de presentar las planillas de impuestos sobre la renta. Si la respuesta correcta es «sí,» le aconsejo presentarlas por todos los años que faltan, junto con la multa y el interés que debe.

28. *¿El entrevistador me pedirá fotocopias de las planillas de impuestos sobre la renta?*

Eso depende de la persona que se encargue de entrevistarlo. Ciertos agentes le pedirán que muestre su última declaración de impuestos sobre la renta. Otros (la mayoría) le pedirán las últimas tres o cinco planillas. Para estar seguro sería una buen idea llevar consigo a la entrevista fotocopias de las últimas cinco planillas.

29. *¿Me tratarán de manera especial si hice algo para el bienestar de los Estados Unidos?*

No depende del S.I.N. El Presidente puede mermar el plazo de tiempo que ciertas personas, que han prestado servicio militar, tendrán que esperar antes de presentar sus solicitudes para la ciudadanía. El Presidente hizo esto el 22 de noviembre, de 1994 con relación a los que se prestaron servicio militar en la guerra del golfo pérsico. Para obtener este beneficio, basta demostrar que Ud. estuvo en la militar durante el período requerido: no es necesario haber participado en combate en el golfo.

30. *He sido residente legal por seis años. Ingresé al ejército estadounidense hace tres años, cuando no estabamos en guerra. Pero no me acostumbré y me ausenté sin permiso. No me formaron consejo de guerra, pero me dieron de baja de manera no honorable. ¿Podré obtener la ciudadanía?*

Está por verse. En tiempo de guerra, una ausencia sin permiso le impedirá hacerse ciudadano si le formaron consejo de guerra. O sea que todavía tiene posibilidades. Pero, el haberse ausentado no le ayudará a comprobar que posee buen carácter moral. Tendrá que demostrar que existen razones por las cuales se le debe aprobar su solicitud.

31. *¿Quién tiene que inscribirse con el Servicio de Conscripción (Selective Service, en inglés)?*

Todos los jovenes ciudadanos estadounidenses y otros varones que residen en los Estados Unidos y tengan entre dieciocho y veinte y seis años de edad deben inscribirse.

32. *¿Cuál no está sujeto a este requisito de inscribirse?*

Los que tienen estado de no-inmigrante vigente.

33. *Si me quedo más allá de lo permitido o trabajo sin permiso, ¿tengo que inscribirme?*

Sí.

34. *Crucé la frontera sin ser inspeccionado y el S.I.N. emprendió procedimientos de deportación contra mi. ¿Tengo que inscribirme?*

Si le dejan en libertad, y tiene entre dieciocho y veinte y seis años de edad, tendrá que hacerlo.

35. *¿Cómo cumplo con este requisito?*

Acuda a una oficina del correo estadounidense y llene la planilla indicada. Después de recibir su planilla, el Servicio de Conscripción le dará un número de registración.

36. *He sido residente legal por cinco años, pero no sabía que tenía que inscribirme y no lo hice. ¿Tendré dificultades?*

Quizás. El gobierno se enterará de esto por su respuesta a la pregunta número 5 en la parte 7 de su solicitud N-400. Si no cumplió con este requisito, el gobierno le puede encausar a Ud. y, a menos que le disculpe esta falta de su parte, no tendrá derecho a la ciudadanía.

37. *¿Cómo hago para que me disculpen?*

La ignorancia de la ley no exime de su cumplimiento. Sin embargo, puede intentar convencer al S.I.N. que no trató eludir este requisito, que en realidad no sabía de esta ley. También podrá declarar al entrevistador (si es verdad) que ni el S.I.N. ni su abogado (si tenía uno) le habían informado acerca de este requisito.

También podrá pedir que se le disculpe su incumplimiento, porque no fue algo premeditado, y que Ud. está dispuesto a asumir todas las obligaciones de la ciudadanía estadounidense.

38. *Tengo quince años de edad y he sido residente legal por cinco años. Mis padres también han sido residentes legales por cinco años, pero no piensan hacerse ciudadanos estadounidenses. ¿Puedo presentar mi solicitud?*

Todavía no. Si su padre o madre obtiene la ciudadanía, Ud. sí podrá presentar su solicitud. A menos que pase esto, Ud. tendrá que esperar hasta que cumpla los dieciocho años de edad.

Apéndice

1. *Como mantenerse al tanto de la ley*

La ley de inmigración cambia frecuentemente. Una nueva cláusula de la ley podrá ayudarle, o tal vez perjudicarle, y por eso Ud. debe acudir a un abogado para mantenerse informado. Para los que estén dispuestos hacer esto por medio de un esfuerzo propio, y sepan un poco de inglés, les aconsejamos lo siguiente:

Periódicos de Inmigración. Hay más de dos, pero *India Abroad*, 40 West 34th Street, New York, New York 10011, y *The Irish Voice* 432 Park Avenue South, New York, New York 10016, contienen cada semana información importante acerca de inmigración, escrita por especialistas. Aunque estas publicaciones se dirigen, respectivamente, al inmigrante hindú y irlandés, son útiles a todos los inmigrantes.

Revistas de Inmigración. Además de estos periódicos, hay una revista a precio razonable que le resultará muy útil al lector: *U.S. Immigrant*, P.O. Box 257, Woodland Hills, California 91365-0257.

Ud. podrá consultar a estas publicaciones en muchas bibliotecas públicas.

2. *Como Obtener la Asistencia de un Buen Abogado de Inmigración*

Guía de Abogados de Inmigración. La Asociación Americana de Abogados de Inmigración (A.I.L.A., por sus siglas en inglés), 1400 I Street, N.W. Suite 1200, Washington, D.C. 20005, publica una guía anual que contiene los nombres, direcciones, números de teléfono y fax de sus miembros. Esta información no está disponible al público hasta ahora. Sin embargo, los que pertenecen a esta organización tienen buena reputación y es poco probable que lo engañen. Cuando acuda a un abogado, pregúntele si es miembro de A.I.L.A. Si es miembro es muy probable que esté al tanto de los últimos cambios a la ley de inmigración.

Ciertos abogados de inmigración colocan anuncios en periódicos de varias nacionalidades. Tal vez querrá consultar uno de estos. Muchos (no todos) abogados le darán una consulta gratis. En esta entrevista, Ud. podrá ver si podrá llevarse bien con este individuo y si sus honorarios se ven razonables. Le reitero, debe preguntar si pertenece a A.I.L.A.

También le sugiero consultar a su guía telefónica. Pida información acerca de la asociación de abogados de su ciudad o estado. Esta organización le podrá informar si existe un abogado de inmigración cerca de su vecindario. También podrá preguntar si existen abogados que brindan ayuda gratis.

Listado de organizaciones que brindan servicios a precios bajos o gratis. La organización The National Immigration Law Center, ubicada en 1102 S. Crenshaw Blvd., Los Angeles, California 90019, publica una lista amplia de nombres, direcciones, y números de teléfono y fax de agencias sin fines de lucro que brindan ayuda en asuntos de inmigración. Ud. puede obtener esta guía por sólo $5. También podrá consultar una versión de la lista en el libro titulado *How to Get a Green Card*, escrito por la licenciada Loida Nicholas Lewis.

Índice

El primer número se refiere al capítulo, mientras el segundo se refiere a la pregunta. Por ejemplo, «5: 4-6» se refiere a las preguntas 4-6 del capítulo 5.

Libros Allworth

Allworth Press publica libros de calidad para ayudar a individuos y negocios pequeños. Los títulos incluyen:

Your Living Trust and Estate Plan por Harvey J. Platt
(libro en rústica, 6 × 9, 224 páginas, $14.95)

Smart Maneuvers: Taking Control of Your Career and Personal Success in the Information Age por Carl W. Battle
(libro en rústica, 6 × 9, 224 páginas, $12.95)

Retire Smart por David y Virginia Cleary
(libro en rústica, 6 × 9, 224 páginas, $12.95)

Senior Counsel: Legal and Financial Strategies for Age 50 and Beyond por Carl W. Battle (libro en rústica, 6¾ × 10, 256 páginas, $16.95)

The Unemployment Survival Handbook por Nina Schuyler
(libro en rústica, 6 × 9, 144 páginas, $9.95)

The Family Legal Companion por Thomas Hauser
(libro en rústica, 6 × 9, 256 páginas, $16.95)

Hers: The Wise Woman's Guide to Starting a Business on $2,000 or Less por Carol Milano (libro en rústica, 6 × 9, 256 páginas, $16.95)

Legal-Wise: Self-Help Legal Forms for Everyone, Tercera Edición por Carl W. Battle (libro en rústica, 8½ × 11, 208 páginas, $18.95)

Legal Guide for the Visual Artist, Tercera Edición por Tad Crawford (libro en rústica, 8½ × 11, 256 páginas, $19.95)

Wedding Photography and Video por Chuck Delaney
(libro en rústica, 6 × 9, 160 páginas, $10.95)

Travel Photography por Susan McCartney
(libro en rústica, 6¾ × 10, 384 páginas, 20 illustraciones, $22.95)

Nature and Wildlife Photography por Susan McCartney
(libro en rústica, 6¾ × 10, 256 páginas, 15 fotografías blanco y negro, $18.95)

On Becoming and Artist por Daniel Grant
(libro en rústica, 6 × 9, 192 páginas, $12.95)

Pida nuestra catálogo sin costo alguno. Para obtener un título, enie su cheque o giro postal a Allworth Press, 10 East 23rd Street, Suite 400, New York, New York 10010. Adjunte $5 para el envío y gastos de tramitación por el primer título, y $1 por cada libro adicional. Diez dólares, mas $1 por cada libro adicional, si pida desde Canadá. Residentes del Estado de Nueva York también envien el impuesta de venta.

Si desea ver nuestra catálogo en el World Wide Web, nos podrá localizar en Millennium Productions' Art y Technology Web Site:
http://www.allworth.com